El poder de la

ORACIÓN

por tus

hijos
adultos

STORMIE
OMARTIAN

Unilit

Sepa

Publicado por
Unilit
Miami, FL 33172

© 2010 Editorial Unilit (Spanish translation)
Primera edición 2010
Primera edición 2014 (Serie Favoritos)

© 2009 por Stormie Omartian
Originalmente publicado en inglés con el título:
The Power of Praying® for Your Adult Children por Stormie Omartian.
Publicado por Harvest House Publishers
Eugene, Oregon 97402
www.harvesthousepublishers.com
Todos los derechos reservados.

Traducción: Mayra I. Urízar de Ramírez
Diseño de la cubierta: Harvest House Publishers, Inc., Eugene Oregon
Ilustraciones de la cubierta: Komar art / Shutterstock
Fotografía de la autora: © Michael Gomez Photography

El texto bíblico ha sido tomado de la versión Reina-Valera © 1960 Sociedades
Bíblicas en América Latina; © renovado 1988 Sociedades Bíblicas Unidas.
Utilizado con permiso.
Reina-Valera 1960® es una marca registrada de la American Bible Society, y se
puede usar solamente bajo licencia.
Las citas bíblicas seguidas de NVI® son tomadas de la Santa Biblia, *Nueva Versión
Internacional* ®. NVI®. Propiedad literaria © 1999 por Biblica, Inc. ™ Usado con
permiso. Reservados todos los derechos mundialmente.

La autora añadió énfasis en ciertas palabras y frases de los pasajes bíblicos
mediante letra bastardilla.

Producto 496987
ISBN 0-7899-1945-1
ISBN 978-0-7899-1945-8

Impreso en Colombia
Printed in Colombia

Categoría: Vida cristiana/Crecimiento espiritual/Oración
Category: Christian Living/Spiritual Growth/Prayer

CONTENIDO

Y todos tus hijos serán
enseñados por Jehová;
y se multiplicará
la paz de tus hijos.

ISAÍAS 54:13

Lo que debe saber todo padre de un hijo adulto

———— ✺ ————

Hay siete cosas que debe saber todo padre de un hijo adulto y, a menudo, nadie te habla de ninguna de ellas. Creo que habría sido bueno que alguien hubiera mencionado por lo menos unas cuantas de estas cosas *antes* de que mis hijos crecieran lo suficiente para entrar a la adultez. Entonces podría haberme preparado.

Cuando eres un futuro padre joven, los padres mayores y más experimentados te felicitan con entusiasmo por estar esperando un hijo. Y, luego, lo vuelven a hacer cuando nace tu hijo, pero esta vez también te aconsejan acerca de cómo comenzar a criar un hijo. Sin embargo, con relación a los posteriores años adultos de un hijo, todo el mundo guarda silencio. Solo sonríen, a sabiendas, y no dicen nada de lo que está por delante. Estoy segura de que piensan: *¿Por qué decir algo ahora? A su tiempo lo averiguarán.* O bien creen que son los únicos que tienen algunos inconvenientes con sus hijos adultos, ¿para qué asustar a otra persona? Cualquiera que sea la razón, nadie habla de eso. Al menos nunca he escuchado algo.

Pensaba que cuando los hijos cumplen dieciocho años se graduaban del instituto y se iban para la universidad y, luego, allí terminaba la mayor parte de las responsabilidades de la crianza de los hijos. Tienen *sus* vidas y tú tienes la *tuya*, y recuerdan todo lo que les enseñaste, por lo que siguen adelante para encontrar trabajos con buenos salarios, se casan y llegan a visitarte unas cuantas veces al año con los nietos. ¡Ya está! ¡Se acabó la crianza de los hijos! Ahora puedes hacer las cosas que siempre has soñado hacer y que no podías hacer porque estabas muy ocupado criando a tus hijos.

¡OLVÍDALO!

¡Nada de eso sucede!

Tu hijo cumple dieciocho años, se gradúa del instituto, eso esperas, y entonces descubres que tus días de la crianza en serio acaban de comenzar. Oras para que vaya a una buena universidad o escuela técnica y que los profesores no le enseñen que Dios está muerto y que el comunismo es grandioso, o que la moral es relativa y que debe desearse la perversión. Las influencias en tu hijo adulto ahora son más siniestras de lo que te imaginaras jamás que serían hace años cuando nació (y, en realidad, mucho más intimidantes que cuando tú te graduaste del instituto), así que no puedes dejar de pensar en todas las posibilidades aterradoras. Y mientras haya *más* por lo que estar preocupado, tienes *menos* control sobre cualquier cosa relacionada con sus vidas.

Después que tus hijos se gradúan, *si* es que se gradúan, esperas que encuentren trabajo con alguna clase de seguridad y beneficios. Siempre tienes la preocupación de que conozcan a una persona maravillosa para casarse, y cuando se *casan*, esperas que *sigan* casados. Estás preocupado por lo cuidadosos o descuidados que son con su salud y si pueden hacer los pagos de su casa. Estás preocupado por tus nietos... que algún día tendrás algunos y que serán saludables y se criarán para ser hijos buenos y piadosos.

Bueno, estoy aquí para decirte lo que quizá ya sospechas... o lo que ya sabes a estas alturas. Y no solo te estoy revelando esta verdad, que alguien ya te habrá dicho hace mucho tiempo, también te estoy dando una forma de lidiar con ella. Aun así, primero tengo que mostrarte SIETE COSAS QUE DEBE SABER TODO PADRE DE UN HIJO ADULTO.

1. Tienes que saber que nunca se acaba

La parte que nadie te dice acerca de ser padre es que la paternidad nunca se acaba.

Solía bromear con los nuevos padres cansados, desgastados y agobiados, que se preocupaban por la repentina «responsabilidad de veinticuatro horas al día, los siete días a la semana» y por la «lista interminable de cosas por hacer y sin tiempo suficiente en un día para poder hacerlo todo», les decía. «No te preocupes. Esto solo durará otros dieciocho años».

Sabía que esa era una broma algo cruel, pero quería que supieran la verdad. Y, además, me encantaba escuchar sus quejidos desanimados, seguidos de una risa poco entusiasta. Sin embargo, ahora veo que la broma era para *mí*. Y es aun más cruel de lo que pensaba, ¡porque la verdad es que *no termina jamás*! Aunque hay distintas etapas y épocas de las responsabilidades en la crianza de los hijos, tu corazón *siempre* estará con cada uno de tus hijos por *el resto de tu vida*. Y no es una tarea fácil, sin importar a dónde vayan ni qué hagan, una parte de ti les acompaña. Cuando son felices, eres feliz. Cuando sufren, sufres. Incluso después de que crecieron y que ya no estás a su lado de manera física todos los días, siempre te preocupas cada día, y muchas *noches*, podría agregar, por su seguridad y sus luchas, sus temores y debilidades, sus éxitos y fracasos, sus decisiones y errores.

No solo tu corazón es el que está con tus hijos después que llegan a la adultez, también es frecuente que todavía estén *contigo* de manera física.

Recuerdo el día en que mi esposo, Michael, y yo llevamos a nuestro hijo, Christopher, a la universidad y lo trasladamos a su dormitorio. Lloré por todo el camino de regreso a casa, que solo eran unos quince minutos, pues la universidad no estaba lejos de nuestra casa. No era que ya no lo volvería a ver, sino sabía que se acababan los días de que viviera con nosotros y este era el fin de una era. Al día siguiente, también me sentí triste, pero me entretuve escribiendo un proyecto que tenía pendiente; además, tuve la compañía de mi padre de ochenta y cinco años que vivía con nosotros en casa; mi hermana, que trabajaba en nuestra oficina de la casa; y mi esposo, que trabajaba en casa en su estudio. A las tres de la tarde, escuché que alguien entraba a la casa por la puerta de atrás, y escuché a mi padre hablando con esa persona.

¿Quién será?, me pregunté. *Todos los que viven o trabajan en la casa están aquí y no estamos esperando a nadie.*

Fui a la cocina y, para mi sorpresa, vi a mi hijo.

«Oye, Christopher. ¿Qué estás haciendo de nuevo en casa? ¿Se te olvidó algo?»

«No. Solo quería saludar», dijo con alegría y, luego, se sentó a la mesa de la cocina y conversó con mi papá por casi dos horas. A las cinco de la tarde, se despidió y se fue de regreso a la universidad para cenar con sus amigos en el campus y luego estudiar un poco.

Hizo eso casi todos los días por algún tiempo, después varias veces a la semana y, por último, una o dos veces a la semana en su tercer y cuarto años. Sin embargo, ese primer día que vino de la universidad y entró a la cocina fue cuando comencé a sospechar que esto no se acaba jamás. Y me hizo sonreír al pensar que, de todos los lugares a los que podía ir en esas dos horas de la tarde, quería estar con su familia, hablar con su abuelo, que estaba solo en una casa de adictos al trabajo que no tenían tiempo para sentarse todos los días por dos horas a hablar con él acerca de los viejos tiempos. Mi padre vivió hasta los noventa y tres años y, hasta el día en que murió, nunca dejó de hablar de cómo Christopher venía a casa de la universidad, todos los días, solo para hablar con él.

La verdad es que, *nunca* dejas de ser un padre que se preocupa mucho por el bienestar de tu hijo, sin importar la edad que tenga, la edad que *tengas*, ni lo lejos o cerca que estén uno del otro. ¡Nunca! Y no solo eso, parece que como hijos adultos, las cosas que afrontan, o que *los* enfrentan, llevan aun mayores consecuencias que cuando eran jóvenes. Y consecuencias mucho mayores, en especial, que en *tu* juventud. Cuando pensamos en lo aterrador que es el mundo, en lo incontrolable y penetrante que es el mal, y en lo impotentes que nos sentimos para hacer algo en cuanto a esas cosas, podemos enloquecer de la preocupación.

Aunque los hijos pequeños quizá enfrenten algunas cosas muy difíciles también, incluso situaciones y condiciones que amenazan la vida o que la alteran, el hecho de que todavía estén con nosotros en nuestros hogares y a nuestro cuidado y protección, nos hace sentir que tenemos más control de esas situaciones, o al menos más participación activa casi siempre. No obstante, cuando nuestros hijos son adultos y toman muchas decisiones propias, sin nuestra participación, todos vemos las posibles consecuencias serias de tomar las decisiones equivocadas. Asimismo, vemos también cómo *estaremos* pagando por esas decisiones equivocadas a lo largo del camino con ellos.

Cuando observamos que la vida transcurre en nuestros hijos adultos de una manera desafiante, queremos ayudarlos. Sin embargo, ¿cuánto es demasiado, y cuánto no es suficiente? Solo Dios sabe la respuesta a esa pregunta. Los padres de hijos adultos podemos tener muchas preocupaciones, pero no necesariamente la oportunidad de hacer algo al respecto, ni siquiera la posibilidad de expresar todos nuestros pensamientos, nuestras sugerencias y opiniones. Al menos no es así con nuestros hijos adultos. A pesar de eso, sí tenemos la gran oportunidad de poder expresarle esas preocupaciones a Dios y de invitarlo a que haga algo en su favor. Lo más grandioso de esto es que, cuando llevamos nuestras preocupaciones al Señor confiando en que Él escucha nuestras oraciones y las responde en favor de nuestros hijos adultos, eso significa que nuestras oraciones tienen poder para efectuar cambios en sus vidas. Y eso nos da una paz que no podemos encontrar de otra manera.

2. Tienes que saber que no puedes arreglarlos

Acababan de presentarme a una atractiva joven de unos cuarenta años. (Cuando tienes mi edad, cuarenta es joven, treinta es demasiado joven y cualquiera que tenga menos de treinta es apenas un niño). (Para el caso, en el otro sentido, los de cuarenta *y* cincuenta son jóvenes, los de sesenta y setenta son de mediana edad, y los de ochenta y más se acercan a la vejez. Tal vez en diez años revise todo esto).

Esa joven mujer y yo hablamos brevemente del clima, el calor que hacía ese día y de cuándo llovería otra vez... y después dijo de repente:

—Quiero agradecerle por escribir el libro...

No pudo terminar la oración porque sus labios temblaban tanto que tuvo que cerrar con fuerza la boca y tragar duro en un intento de contener las lágrimas. Aun así, se negaron a que las contuviera y, de todos modos, corrieron por sus mejillas.

En el tiempo según parece largo que transcurrió entre el momento en que se quedó sin emitir una palabra y cuando por fin pudo hablar, me pregunté si tenía dañadas sus emociones o tal vez su matrimonio. Toqué su brazo para consolarla y esperé en silencio hasta que terminara al fin su oración.

—... su libro *El poder de los padres que oran* —dijo con una voz temblorosa.

Cuando dijo la palabra «padres», al instante supe cuál era la fuente de su sufrimiento. Era la clase de dolor profundo que solo un padre puede sentir cuando algo va mal con su hijo. De inmediato recordé innumerables historias de otros padres que había escuchado con el paso de los años. Su dolor por la congoja de la desobediencia, la rebeldía, la enfermedad, la calamidad, la tragedia o la herida de un hijo, o la profunda tristeza de ver que no viven de acuerdo con su potencial, todo vino a mi mente como una inundación.

Resultó que se refería a su *hijo adulto*. Me habló de algunos de los problemas serios que ella y su esposo tenían con su hijo de veintiocho años. Dijo que incluso los primeros años con él fueron desafiantes en extremo, pero que mi libro la había ayudado en cada año y en cada problema. Sin embargo, cuando se convirtió en adulto, tuvieron que lidiar con su imprudencia, descuido, haraganería, malas decisiones, malos hábitos y numerosos problemas personales.

—¿Cuándo va a terminar esto? —dijo sollozando, con lágrimas que corrían por su cara como una corriente continua—. ¿Cuánto tiempo tenemos que seguir padeciendo, sufriendo y orando por nuestro hijo y pagando por sus errores, en especial financieros?

—Quisiera poder darte una fecha límite y definitiva —respondí—, pero no creo que haya una. No estás sola en esto. Esa clase de historias de hijos adultos las escucho en todas partes a las que voy. A los padres les cuesta mucho saber dónde establecer el límite entre dejar que un hijo adulto aprenda una lección difícil y ayudarlo a que salga adelante. Sabemos que no podemos darnos por vencidos con ellos, pero a veces tenemos que dejar que toquen fondo. Aun así, debemos tener sabiduría en cuanto a eso. No podemos estar en espera ni dejar que se destruyan. Queremos que aprendan las lecciones, pero no deseamos que arruinen sus vidas en el proceso. Tenemos que encontrar ese equilibrio entre obligarlos a salir antes de que estén listos, y hacerles todo muy fácil para que se queden cuando tienen que crecer y aprender a volar.

»La única manera que conozco para discernir ese pequeño límite entre *ayudar* a tu hijo adulto y *permitirle* que viva una vida que es menos de lo que Dios tiene para él, es pedirle al Señor que te dé sabiduría —le dije—. Todos tenemos que pedirle a Dios que nos muestre qué hacer y qué *no* hacer con nuestros hijos adultos. Tenemos que buscar a Dios en lo que se refiere a cómo orar por ellos. Tenemos que pedirle al Señor claridad y discernimiento para saber cómo *orar solamente* y dejarlo obrar en sus vidas, sin ninguna otra clase de ayuda de nuestra parte. Solo Dios sabe lo que es bueno. Y solo cuando entregas a tu hijo adulto por completo en las manos de Dios, y pones al Señor a cargo de su vida, es que puedes tener paz genuina. *Tú* no puedes cambiar a tu hijo, pero *Dios* sí puede hacerlo. Tu hijo necesita que lo ames, que creas en él y que lo apoyes en oración. Luego, haz todo lo que el Señor te dice que hagas, o que *no* hagas, para ayudarlo a que vaya por el buen camino.

Oré con ella y su esposo, que resultó ser que la esperaba a una corta distancia de nosotros, y después pareció tener más fortaleza y paz en su alma. La animé a que comprendiera que Dios era el padre supremo, y que Él no solo les daría sabiduría para encargarse de su hijo y sus problemas, sino que también obraría en la vida de su hijo para cambiarlo a él, y a su situación, de modo que estuviera alineado en los caminos de Dios. Y Él también le quitaría la culpa que habían estado sintiendo en cuanto a lo que había estado ocurriendo con su hijo.

Todos tenemos que comprender que no podemos «arreglar» ni «cambiar» a nuestros hijos adultos. Solo Dios puede hacer cambios duraderos en cualquier persona. Nuestro trabajo es dejar a nuestros hijos en las manos de Dios y, luego, orar para que el Señor haga los cambios en ellos y en sus vidas, de acuerdo con su voluntad.

3. Tienes que saber que Dios puede cambiarlo todo

No es fácil ser padres de un hijo adulto. Eso se debe a que es difícil saber *qué* y *qué no* hacer por ellos. ¿Cuándo tienes que intervenir? ¿Cuándo has hecho demasiado? ¿Cuándo son tus expectativas demasiado altas o demasiado bajas? ¿Cuándo tu amor es firme, demasiado firme o poco firme? A veces crees que estás haciendo lo que debes y no es así. O quizá fuera lo apropiado para un hijo, pero no lo es para otro.

Me he dado cuenta que solo Dios puede darte la sabiduría que necesitas para esas cosas. Y Él te la dará cuando se la pidas. Sin embargo, primero tienes que entender y creer que cuando oras por tu hijo adulto, Dios escuchará y responderá. Así lo estableció Él. *La oración no es decirle a Dios lo que tiene que hacer. La oración es asociarse con Dios para procurar que se haga su voluntad. No tienes que entender por completo cuál es la voluntad de Dios para pedir que se haga su voluntad.*

También tienes que creer que a pesar de que no puedes cambiar nada en la vida de tu hijo adulto, Dios puede cambiarlo todo. A pesar de que es cierto que Dios no violará la voluntad firme de alguien, *penetrará* en el corazón de la persona que no está en la mejor disposición hacia Él en lo absoluto. Y nunca sabemos con seguridad quién está cerrado por completo a las cosas del Señor y quién no lo está. Dios es el único que sabe eso. Por lo que tenemos que orar y dejar que Él obre. Sin nuestras oraciones que se apropian del poder de Dios, nuestras vidas quedan a la deriva y, a veces, con resultados desastrosos. Te daré dos ejemplos desastrosos de lo que estoy hablando.

Conozco a una familia, llamémoslos los Jiménez, cuyo hijo se metía en problemas a cada momento. Al final, lo arrestaron, y en lugar de pagar la fianza para sacarlo, los señores Jiménez decidieron dejar que aprendiera una lección difícil al dejarlo en la cárcel por algún tiempo. Es lamentable, pero uno de los prisioneros lo atacó y lo golpeó hasta que murió por sus heridas. Los padres recibieron una llamada de las autoridades informándoles lo sucedido y dónde podían recoger su cuerpo. Quedaron devastados y el sentimiento de culpa se apoderó de ellos por lo que podían haber prevenido. Eran buenos padres que trataban de hacer lo adecuado, pero salió terriblemente mal. No sé dónde están ahora, pero estoy segura de que todavía están sufriendo por este trágico suceso.

Conozco a otra familia, llamémoslos los Brito, cuyo hijo también había estado ocasionando dolor a sus padres por algún tiempo. Cuando lo arrestaron y sentenciaron a la cárcel, tampoco trataron de sacarlo. Sabían que era culpable y querían que entendiera las consecuencias de su comportamiento. Terminó cumpliendo poco tiempo en la cárcel, pero eso le cambió la vida. El tiempo que pasó en la cárcel fue una experiencia tan inolvidable que nunca quiso repetirla. Todos los que oramos por él le pedimos a Dios que abriera sus ojos a la verdad del camino en que estaba y al que se dirigía. Le pedimos a Dios que le revelara para qué lo creó y el futuro que tenía para él. Dios respondió esas oraciones porque salió como una persona transformada. Siguió en la universidad, hizo algo con su vida y no volvió a perder su tiempo con ocupaciones tontas.

Tanto los Jiménez como los Brito trataban de hacer lo bueno, a la espera de que sus acciones inspiraran una transformación total en sus hijos adultos. Y ambas parejas de padres, en esencia, tomaron la misma decisión. Sin embargo, hubo dos resultados distintos. Para una familia ocasionó un desastre y para la otra ocasionó redención. ¿Cuál fue la diferencia? La diferencia, creo, fue la presencia del Redentor.

Con seguridad sé que se invitó a Jesús en la situación de la segunda familia, los Brito. Eran creyentes y el Señor reinaba en sus corazones. Se invitó al Espíritu Santo a moverse en esta situación con su hijo, y sus amigos y ellos oraron de manera ferviente para que el Señor hablara al corazón de aquel joven. En oración le pidieron a Dios que derramara su Espíritu de verdad en su hijo y que le mostrara lo que ocurría en realidad en su vida, desde la perspectiva de Dios. En esa cárcel, Dios habló a su corazón, y a él le quedó claro que aunque hizo algo insensato, no tenía que seguir viviendo como tal. Tenía una opción.

Por lo que sé, los padres del primer hijo, los Jiménez, no eran creyentes ni era gente que oraba. No le dedicaron su hijo al Señor, no le enseñaron los caminos de Dios, ni se oraba por él. No tuvo la ventaja de las oraciones de sus padres, su familia, ni sus amigos que lo protegieran y lo ayudaran a escuchar de Dios en su vida. No me refiero a que los hijos adultos de los padres que oran nunca tengan problemas. Sin duda, los tienen. Con todo, si un padre está orando por sus hijos adultos, hasta las cosas malas que les ocurren obrarán en sus vidas para bien. Es posible que no lo veamos en el momento, pero Dios usará su situación y la transformará en algo positivo de alguna manera.

Dios utiliza lo que percibimos como problemas para obtener la atención de nuestros hijos adultos y enseñarles que no pueden vivir sin Él. A veces, las cosas difíciles que les pasan ocurren en realidad por la misericordia y el amor de Dios que obra en sus vidas para salvarlos, corregirlos o protegerlos de algo mucho peor (Proverbios 3:11-12).

Si nunca has orado por tus hijos adultos, o si algunas cosas malas les sucedieron antes de que aprendieras a orar, no te preocupes. Dios es Redentor. La redención es su especialidad. Y no solo redime nuestras vidas de la muerte y el infierno, y nos salva por toda la eternidad, también nos redime del infierno en la tierra y nos libra aquí y ahora. Dios nos librará de situaciones problemáticas en nuestras vidas cuando lo invitemos a que lo haga.

Cuando ores por tu hijo adulto, hay algunas cosas acerca de Dios que tienes que creer sin ninguna duda:

1. Tienes que creer que Dios te ama a ti y a tus hijos adultos, y que escuchará tus oraciones por ellos. Debes saber que «a los que aman a Dios, todas las cosas le ayudan a bien, esto es, a los que conforme a su propósito son llamados» (Romanos 8:28). Si amas a Dios y quieres vivir en sus caminos, eres llamado conforme a su propósito. Los versículos anteriores a este hablan de la oración. ¿Podría significar que todas las cosas obran para bien en nuestras vidas cuando *oramos*?

2. Tienes que creer que Dios puede librarte de cualquier temor que tengas en cuanto a tus hijos adultos. Lo que fue cierto para David, también es cierto para ti. David dijo: «Busqué a Jehová, y él me oyó, y me libró de todos mis temores» (Salmo 34:4). Puedes buscar al Señor con respecto a tus hijos adultos, y Él te escuchará y también te librará de todos tus temores.

3. Tienes que creer que Dios puede darte, a ti y a tus hijos, lo que necesitas cuando se lo pidas. Debes tener fe en la capacidad de Dios para escuchar y responder. «Pero pida con fe, no dudando nada; porque el que duda es semejante a la onda del mar, que es arrastrada por el viento y echada de una parte a otra. No piense pues quien tal haga, que recibirá cosa alguna del Señor. El hombre de doble ánimo es inconstante en todos sus caminos» (Santiago 1:6-8). No podemos esperar que alguien responda a nuestras oraciones sin tener fe en nuestro Señor, a quien le estamos orando.

4. Tienes que creer que no importa lo grande que sean los problemas de tus hijos adultos, Dios es mayor. Jesús dijo: «Lo que es imposible para los hombres, es posible para Dios» (Lucas 18:27) y «Para Dios todo es posible» (Mateo 19:26). También le dijo a un padre que buscaba liberación para su hijo: «Si puedes creer, al que cree todo le es posible» (Marcos 9:23). Él es el Dios de lo imposible y eso significa que con Él todo es posible. Dios puede cambiar cualquier cosa o a cualquiera, incluso a ti y a tu hijo adulto, pero antes hay que invitarlo a la situación. Eso solo sucede cuando oras.

5. Tienes que creer que debido a que el amor y el poder de Dios se han derramado en ti, tus oraciones por tus hijos adultos siempre tendrán poder. Debido a que tus oraciones tienen poder, siempre tendrás esperanza. «Y la esperanza no avergüenza; porque el amor de Dios ha sido derramado en nuestros corazones por el Espíritu Santo que nos fue dado» (Romanos 5:5). El Espíritu Santo es el poder de Dios. Cuando el poder de Dios está obrando en tu vida, tienes esperanzas en cualquier cosa. El listado de las promesas de Dios para ti es mucho más largo que tu listado de preocupaciones por tu hijo adulto.

Cada hijo adulto es susceptible a los problemas. Hasta los mejores hijos pueden experimentar cosas difíciles cuando se convierten en adultos. Es posible que tu hijo fuera dedicado a Dios, que lo bautizaran cuando era bebé, que hubiera recibido al Señor cuando tenía dos años, que hubiera estado en la Escuela Dominical durante dieciocho años y que lo hubieran educado siempre en casa, y con todo, cuando está fuera de tu control puede afrontar serios desafíos, caer en malos hábitos, estar expuesto a influencias malsanas, escoger amigos indeseables o experimentar las consecuencias de malas decisiones. Sin embargo, la buena noticia es que Dios puede cambiar todo eso cuando tú oras.

4. Tienes que saber que debes dejar de echarte la culpa

Seamos realistas. Los hijos nos mantienen con sentimientos de culpa desde que nacen. Nos encontramos pensando: *¿Lo estoy alimentando mucho? ¿No le estoy dando suficiente comida? ¿Estoy haciendo mucho? ¿No estoy haciendo lo suficiente? ¿Le he dado demasiado?* Y se pone aun más complicado con el hecho de que cada hijo es distinto. Así que lo que parecía resultar con el primer hijo, es posible que no dé resultado con el segundo.

Nuestro primer hijo era de voluntad firme, y desde el momento en que Christopher se pudo poner de pie en su cuna, su mente ya sabía lo que quería hacer y cuándo hacerlo, sin importar lo que quisieran sus padres. Se requirió de mucha disciplina fuerte y constante para hacerlo ver la sabiduría de obedecer a su papá y a su mamá. Nuestra segunda hija era bastante distinta. Solo hacía falta una mirada intensa de desaprobación cuando Amanda hacía algo malo y se desmoronaba. La disciplina fuerte para ella habría sido tan desastrosa como una disciplina débil para él. Siempre luchábamos con el sentimiento de culpa al tratar de averiguar si éramos demasiado duros con él y muy poco con ella. ¿O era al revés?

Eso no quiere decir que no cometiéramos errores en ambos casos. A veces fuimos muy duros o demasiado flojos con cada uno de ellos. Y vimos las consecuencias de ambas cosas. Tuvimos que pedirle a Dios sabiduría todos los días. Y yo luchaba con el sentimiento de culpa en todo eso: las cosas que *debí* hacer o decir, y que no hice ni dije, y las cosas que *no* debí hacer ni decir, pero que hice y dije.

La culpa es una asesina. Los padres nos aporreamos con culpa cada vez que algo malo le sucede a uno de nuestros hijos, porque vemos cómo tal vez pudimos haber hecho las cosas de manera distinta y quizá lo hubiéramos prevenido. Por ejemplo, si nuestro hijo no tiene una buena calificación en la escuela, nos culpamos. Si tiene un problema para llevarse bien con un amigo, de alguna manera tiene que ser nuestra culpa. Si se enferma o lastima, agonizamos por lo que pudimos haber hecho de manera distinta para impedirlo. Y hacemos esto aun más cuando son adultos. Cuando vemos algo en nuestro hijo adulto que percibimos que no es bueno, o que viola lo que creíamos que era para lo que lo educamos, nos preguntamos: *¿Dónde nos equivocamos?* Cuando vemos algo en ese hijo que es una debilidad, creemos que es por nuestra culpa.

Incluso cuando *hiciste* algo que ha afectado a tu hijo de manera negativa, tienes que superarlo. Quizá lamentes no haber estado a su lado lo suficiente durante su niñez. O hubo hechos en la vida de tu hijo que te perdiste y que sabes que debías haber estado presente. O sientes que fuiste demasiado estricto o demasiado indulgente. O dijiste algo que desearías no haber dicho, o hubo cosas que debías haber hecho y no hiciste. No hay nada que puedas hacer ahora para borrarlo ni hacer que parezca como si nunca hubiera ocurrido. Tienes que superarlo y eso solo puede hacerse con el poder del Espíritu Santo.

¡Tu primera tarea en este libro es que te liberes de toda esa culpa!

A fin de ser eficiente en la oración por tu hijo adulto, tienes que dejar de culparte por todo lo que sale mal. Dale a Dios un poco de crédito aquí. Si cometiste errores, confiésalos ante el Señor, y ante tu hijo adulto también si es que eso produjera una restauración, de modo que logres disfrutar la libertad del perdón que Dios tiene para ti. Pregúntate: «¿Puedo hacer algo al respecto ahora?». Si es así, hazlo. Si no, déjaselo a Dios y pídele que salve la situación y que te sane en el proceso.

Por supuesto, esto es dando por sentado que conoces al Señor. Si nunca has recibido a Jesús en tu vida, pídele que entre a tu corazón ahora, que te perdone por todos tus pecados y fallas, y que te llene con su Espíritu Santo. Dale gracias por haber muerto en la cruz por ti a fin de que puedas tener perdón de pecados y vida eterna con Él para siempre. Luego, pídele que te limpie de los efectos de todo fracaso y daños pasados, y que te ayude a vivir a su manera ahora. Pídele que te libere de la culpa.

Solo hay dos maneras de evitar la culpa como padre. La primera es morirse poco después del nacimiento de tu hijo. La segunda es caminar con Dios cada día y pedirle sabiduría en todo. Digo que caminar con Dios es la mejor solución de las dos. Cuando caminas con Dios, no solo puedes buscarlo para pedirle dirección, también puedes pedirle que te libere de cualquier culpa que sientas como padre.

Por supuesto, hay algunos padres que nunca se culpan por nada. En lugar de eso, culpan a todos los demás. Dicen cosas como estas: «Mi hija se metió en problemas por las otras chicas con las que estaba». O: «Mi hijo es haragán porque su padre nunca le pidió que hiciera algo en la casa». Sin embargo, cuando se culpa a otros en lugar de entregárselo a Dios, impide que el padre y el hijo experimenten el gran bien que Él puede sacar de las situaciones difíciles. Hay mucho crecimiento en el carácter cuando a un hijo se le estimula a ver su parte en todo lo malo que ha hecho.

También están los padres que crían a sus hijos hasta la graduación del instituto sin ningún problema. (Al menos, he oído de gente que afirma que esto les ha ocurrido). Y entonces los problemas comienzan cuando los hijos se van a la universidad o cuando tienen su primer trabajo de verdad. O a lo mejor *nunca* consigan un trabajo de verdad. O no tienen un trabajo que dure más que unos cuantos meses. O tienen un trabajo y conocen gente que es mala influencia. O se casan con alguien con muchos problemas y el matrimonio batalla en todas las esferas. O se casan con alguien que es muy bueno, pero que es inmaduro y carece de sabiduría y buen juicio, por lo que tienen un problema tras otro.

He visto hijos adultos que parecían tener vidas perfectas hasta que conocieron a alguien que era una influencia indeseable, y sus vidas fueron cuesta abajo desde entonces. O se endeudaron a fondo por alguna u otra razón y necesitaron que sus padres los rescataran en lo económico. O hicieron algo tonto y se metieron en problemas y necesitaron que sus padres los rescataran *en realidad*.

Por otro lado, conozco a dos padres con un hijo que fue difícil de criar durante el preescolar, la escuela primaria, la secundaria, el instituto y, luego, de alguna manera, se transformó en un adulto maravilloso, productivo y de éxito. Sin embargo, antes de que ocurriera esa metamorfosis, estos dos maravillosos padres cristianos se culpaban por todos los problemas de su hijo.

Quizá hayas criado a tu hijo para que fuera una persona buena y piadosa, y con todo, a veces vive o actúa como si no hubiera tenido esa clase de crianza en absoluto. O, tal vez, no criaras a tu hijo para que confiara en Dios ni viviera en sus caminos, y ahora te lamentas porque no tomaste decisiones piadosas. O, lo que es peor, tu cónyuge te culpa por lo que sucede y acumula más culpa encima de la condenación que ya sientes. Esta es una carga demasiado pesada para tus hombros. Pídele a Dios que te ayude a dejar de culparte por las cosas que ya se hicieron.

Dile: «Señor, no puedo hacer nada por lo que ya sucedió. Ayúdame ahora a hacer cosas grandes en oración por mis hijos adultos. Ayúdame a dejar de culparme por todo lo que veo mal en la vida de mis hijos adultos. Quítame el desaliento que siento».

Recuerda que el desaliento no significa fracaso. El desaliento es una señal de que necesitas pasar más tiempo con tu Padre celestial para que Él pueda animarte.

5. Tienes que saber que tienes que perdonar

Todos debemos recordar que la falta de perdón puede infiltrarse y acechar en los rincones secretos de nuestro corazón, y podemos darle lugar sin siquiera reconocerlo. Por eso es que cada cierto tiempo debemos pedirle a Dios que nos revele cualquier falta de perdón, en especial hacia nuestra familia.

El perdón tiene que fluir *en* nosotros antes de que el poder del Espíritu Santo fluya *a través* de nosotros cuando oramos. La Biblia dice: «Si en mi corazón hubiese yo mirado a la iniquidad, el Señor no me habría escuchado» (Salmo 66:18). Una de las mayores iniquidades que albergamos a menudo en nuestros corazones es la falta de perdón. Eso se debe a que es algo muy fácil de hacer. Hasta podemos mentirnos a nosotros mismos y fingir que no está allí. Y es muy fácil esconderla de los demás, porque aunque mucha gente pueda verla en nuestra cara y nuestra actitud, casi nunca pueden identificarla. Algunas veces no la vemos en nosotros porque nos esforzamos mucho para ser la buena persona que sabemos que somos y la falta de perdón puede ser muy sutil. Sin embargo, Dios siempre la ve y a Él no le gusta. Él quiere que nos deshagamos de ella, y a veces no responderá nuestras oraciones hasta que lo hagamos.

Claro que tenemos que perdonar a todos, pero ya que estoy hablando de nuestros hijos adultos aquí, he preparado una corta pero importante lista de cosas pendientes, que está más adelante, a fin de que las vayas marcando. No estoy tratando de torturarte; solo quiero que te liberes para que tus oraciones tengan poder. Recuerda perdonar a las siguientes personas y situaciones. Si tienes que hacerlo, escríbelo como una nota recordatoria personal.

—◊—

Primera nota recordatoria:
*Perdonar a mis hijos adultos por cualquier cosa
que quizá me hicieran para lastimarme, olvidarme,
decepcionarme o enojarme.*

—◊—

Pídele a Dios que te revele si tienes alguna falta de perdón oculta dentro de ti hacia cualquiera de tus hijos adultos... y que incluyan a tu yerno o nuera también. Es muy importante hacer esto para aclarar las cosas entre ustedes. Si han demostrado irresponsabilidad, descuido, brusquedad, desconsideración o descortesía, o hicieron algo que te lastimó, confiésale al Señor tus sentimientos en cuanto a eso. Esto es algo muy sutil porque los padres tendemos a considerarnos como superiores al recriminar algo en nuestros hijos adultos. No nos gusta cuando vemos esa clase de comportamiento en los demás y, sin duda, no queremos pensar que nosotros abrigamos esos pensamientos. Sin embargo, a veces estas cosas encuentran cabida en nuestros corazones.

La decepción es otra cosa sutil que podemos recriminarles a nuestros hijos cada vez que no hayan vivido de acuerdo a las expectativas que tenemos de ellos, ya sea que fuera algo justificado o no. Con eso me refiero a que nuestras expectativas quizá fueran demasiado irrazonables para ese hijo, pero aun así teníamos las expectativas y nos decepcionamos. Tenemos que traer cada decepción al Señor y entregársela a fin de que seamos capaces de perdonar por completo a ese hijo adulto por habernos decepcionado.

Si no perdonas a tus hijos adultos por cualquier cosa que hicieron en el pasado, podrías encontrarte trayendo a colación asuntos o dejando escapar tu resentimiento en algún momento vulnerable. Es posible que también tengas que *decirle* algo a tu hijo adulto acerca de que lo perdonas por algo específico, pero pídele a Dios que te dé sabiduría en eso. Es posible que ni siquiera sepa que se lo has estado recriminando, por lo que no es muy bueno decírselo ahora, a menos que le aclare algo que ha percibido o que sane algo entre ustedes.

No uses palabras como: «Te perdono por ser tan tonto y destruir la reputación de nuestra familia». En su lugar, di: «Me doy cuenta de que te he recriminado los errores que cometiste en tu contra, y si he actuado de una manera poco perdonadora contigo, lo siento mucho y te pido perdón. Quiero que sepas que te perdono por todos los errores del pasado y te pido que también me perdones por todos mis errores».

Pídele a Dios que te muestre lo que necesitas decir, si es necesario que digas algo. Él sabrá el tiempo perfecto y te puede dar las palabras adecuadas. Y si se lo pides, también preparará el corazón de tu hijo para recibirlas.

Si tienes algún rencor hacia una nuera o yerno, mi consejo es que se lo lleves a Dios mucho antes de que se lo digas a ellos. Pon tu corazón en orden con el Señor. Esta es una relación muy sensible y que se valora mucho. Hay mucho en juego y demasiado espacio para un terrible malentendido que podría ser desastroso. Mi consejo es que busques a un pariente político solo para una confesión *tuya*. Por ejemplo, di: «Tengo que pedirte perdón por algo que dije».

No le digas a un yerno o nuera que *los* perdonas a menos que te pidan perdón. Por ejemplo, no le digas a tu yerno: «Te perdono por llevarte a mi hija y arruinar su vida». Y no le digas a una nuera: «Te perdono por gastarte todo el dinero de mi hijo y porque ahora tiene problemas para salir a flote». Recuerda que algún día quieres ver a tus nietos.

Perdonar a tus hijos adultos es muy importante para todos los involucrados. Pídele a Dios que te ayude. Pídele que te revele cualquier cosa que tal vez no veas. Si sientes que tus hijos adultos deberían *pedirte* perdón, ora por eso de modo que sean capaces de hacerlo. Sin embargo, no esperes a que suceda. Sigue adelante con lo que *sabes* que tienes que hacer y ora a fin de que eso suceda también en sus corazones.

—w—

SEGUNDA NOTA RECORDATORIA:
Perdonar al otro padre de mi hijo adulto.

—w—

Es muy posible que casi todos nosotros podamos ver algo en el otro padre de nuestro hijo adulto que nos habría gustado ver que cambiara. Esto tal vez sea algo que ha afectado a tu hijo de manera negativa. Si ves alguna debilidad o falla de carácter en tu hijo adulto por la que culpas a tu cónyuge, pídele a Dios que te ayude a perdonarlo y olvídalo para siempre. Pídele a Dios que limpie tu corazón de modo que puedas tener la libertad para seguir adelante. Lo que se hizo, se hizo, y ahora tienes que liberarte para comenzar a orar por tu hijo adulto con un corazón limpio. Siempre he dicho, y lo he escrito en todos mis libros, que *perdonar a alguien no hace que la otra persona se corrija; te libera. Tienes* que liberarte.

Si estás orando por un hijastro adulto, pídele a Dios que te ayude a tener un corazón perdonador hacia su otro padre. Por cualquier cosa que veas mal en ese hijo adulto, es muy fácil que se les culpe y el resentimiento puede acumularse en tu corazón encima de eso. No importa lo que sucediera en el pasado, es hora de que lo superes. Las consecuencias de no perdonar son demasiado serias como para permitir que continúe.

Repito, esta clase de falta de perdón puede ser difícil de detectar. Si los sentimientos han estado allí por mucho tiempo, quizá sean una parte de ti a tal grado que ni siquiera los veas. Por eso es que tienes que pedirle a Dios que te lo revele. Dile: «Señor muéstrame si tengo falta de perdón o resentimiento en mí hacia el otro padre (o padres) de mi hijo adulto». Te sorprenderás de lo rápido que Dios responderá esa oración.

—⁓—

Tercera nota recordatoria:
*Perdonar a cualquiera del pasado de mi
hijo adulto que creo que le
hizo daño de alguna manera.*

—⁓—

Recuerdo a un entrenador adulto que humilló a uno de mis hijos pequeños una vez y el recuerdo de eso me lastimaba, así como a mi hijo. Fue algo fuera de orden e inapropiado por completo, y se hizo delante de compañeros del equipo y de sus padres. Fue algo cruel y creo que aquel entrenador lo hizo por un espíritu de celos. en aquel entrenador. Aun así, tuve que llevárselo al Señor varias veces para sacarlo de mi corazón y de mi mente.

Años después, cuando mi hijo ya era adulto, tuve que volver a orar por eso, porque vi cosas en ese hijo que pensé que eran un resultado directo del incidente. Oré: «Señor, alzo a ti el recuerdo de ese incidente doloroso y confieso que todavía me molesta. Lo que es más importante, pienso que creó una herida en mi hijo que ha permanecido por años, y quizá todavía se sientan los efectos de eso. Ya no quiero tenerlo conmigo por más tiempo y de seguro que no quiero que mi hijo adulto lo tenga tampoco. Perdono a ese entrenador por esas palabras hirientes. Cambia mi actitud hacia esa persona. Sobre todo, sana el corazón de mi hijo adulto y llénalo con perdón total hacia esa persona y ese incidente».

Pídele a Dios que te revele si hay algo en el pasado que le sucedió a tu hijo y que todavía te persigue y te hace sentir de alguna manera negativa. Tienes que deshacerte de eso porque está llenando tu mente y quizá esté interfiriendo con tu habilidad de orar de manera eficaz.

—✳—

CUARTA NOTA RECORDATORIA:
*Perdonarme por cualquier cosa del
pasado donde sentí que pude haber
sido un mejor padre.*

—✳—

Pídele a Dios que te muestre si tienes algún remordimiento en cuanto a la crianza de tus hijos. Si hay cosas por las que te lamentas todavía, o si te acobardas cuando piensas en lo que quisieras haber dicho o hecho, o *no* haber dicho o hecho, entonces trae esas cosas ante el Señor. Pídele que te perdone y te ayude a perdonarte. Dile que quieres tener un corazón limpio, a fin de poder tener un nuevo comienzo como el padre de un hijo adulto que ora. Si no te liberas de esto, el enemigo de tu alma siempre lo usará en tu contra. Si has cometido errores, y damos por sentado que *todos* lo hemos hecho, pídele a Dios que los redima. Aunque hayas caminado con Dios y hayas tratado de vivir a su manera, si temes que hubieras cometido errores al criar a tus hijos, tráelos ante el Señor ahora. No pierdas otro momento de tu vida con culpa y condenación sobre tus hombros. Dile: «Señor, confieso que siento remordimiento y culpa por algunas cosas que hice o que no hice como padre. (Confiesa cualquier cosa específica que esté en tu corazón). Ayúdame a superar el pasado y a no volver la vista atrás, sino a seguir adelante contigo».

Pídele a Dios que también te dé la capacidad de *pedirles perdón* a tus hijos cuando esto se justifique. Tus hijos adultos necesitan oír la palabra «perdóname», al igual que tú. Esto los liberará también. Si tienen que *perdonarte* por algo, quedarán atascados donde están y serán incapaces de seguir adelante con sus vidas si no lo hacen.

Cuando confieses todo eso y tu corazón esté limpio ante el Señor, entiende que cualquier condenación que sientas de ahora en adelante vendrá del enemigo de tu alma. Y allí es donde debería colocarse la culpa.

Estas cortas notas recordatorias que acabas de leer son de suma importancia. No descuides ninguna de estas cuatro esferas del perdón, pues cada una de ellas puede estorbar las respuestas a tus oraciones.

6. Tienes que saber que solo hay un Padre perfecto

Dejemos algo claro. No hay padres perfectos. Eso es porque ninguna persona en la Tierra es perfecta. Solo ha habido un padre perfecto y ese es nuestro Padre Dios. Tú y yo somos sus hijos adultos. Y sabes cuántos problemas ha tenido para criarnos. Sin embargo, Él siempre está allí esperándonos para que entremos en razón y hagamos las cosas a su manera. Como es el mejor padre, Él es el único que puede ayudarnos de verdad a ser el mejor padre de nuestros hijos adultos. Tenemos que aprender de Él.

La Biblia dice: «Instruye al niño en su camino, y aun cuando fuere viejo no se apartará de él» (Proverbios 22:6). Esa es una gran noticia para los que enseñaron a sus hijos en los caminos de Dios desde su niñez temprana. Entonces, ¿qué me dices de todos los padres que no conocían al Señor y sus caminos cuando criaban a sus hijos y, por lo tanto, sus hijos adultos no andan ahora en los caminos de Dios? ¿Es demasiado tarde para ellos?

¿Qué me dices de los que *sí* conocíamos al Señor cuando criábamos a nuestros hijos y andábamos en los caminos del Señor de la mejor manera que conocíamos, pero aun así fuimos padres menos que perfectos? ¿Podemos los que vemos hacia atrás, deseando volver a hacer algunas cosas sabiendo lo que ahora sabemos, tener la oportunidad de recuperar el tiempo perdido?

Creo que jamás es demasiado tarde para cualquiera de nosotros que conoce al Señor. Eso es porque Dios es Redentor, y nunca es demasiado tarde para verlo obrar una redención sorprendente como respuesta a nuestras oraciones, en especial las oraciones por nuestros hijos adultos.

Si no has caminado con Dios durante tus primeros años de paternidad y tu hijo es un adulto ahora, ve ante el Señor y confiésaselo. Dile: «Señor, confieso que no te conocía, ni viví a tu manera, ni te busqué cuando criaba a mi hijo. Perdóname por cualquier error que cometiera. Ayúdame a compensarlo viviendo a tu manera ahora. Enséñame a orar por mi hijo adulto de la forma en que te gustaría que lo hiciera».

Estoy segura de que a través de nuestras oraciones, y su amor y misericordia, Dios puede enseñar a nuestros hijos las cosas que no les enseñamos nosotros. Por eso es que escogí el pasaje del inicio del libro que habla de esto. En este pasaje Dios le habla a su pueblo, por medio del profeta Isaías, palabras de esperanza y promesas de restauración. Dice que así como la promesa que hizo de que «nunca más las aguas de Noé pasarían sobre la tierra», también promete que «los montes se moverán, y los collados temblarán, pero no se apartará de ti mi misericordia» (Isaías 54:9-10). Dice que estas promesas son «la herencia de los siervos de Jehová» (versículo 17). En medio de todas estas promesas está la de que cada padre debería mantener cerca de su corazón: «Y todos tus hijos serán enseñados por Jehová; y se multiplicará la paz de tus hijos» (versículo 13).

¡Qué gran promesa para todo el pueblo de Dios!

Todavía nos beneficiamos de la promesa de que las inundaciones nunca más crecerán en la tierra como lo hicieron en la época de Noé. Y Dios dice que la promesa de que Él «enseñará a nuestros hijos» es tan segura como esa. Por eso es que podemos reclamar esas promesas para nuestros hijos adultos. Sin embargo, solo porque entendemos que algo en la Palabra de Dios es una promesa para nosotros, no quiere decir que sucederá de manera automática. *Tenemos que orar* por eso. Ora para que el entendimiento de las promesas de la Palabra de Dios te añadan fe para orar y creer que se harán realidad en tu vida.

Dando por sentado que tú y yo hicimos lo mejor que pudimos cuando criamos a nuestros hijos, y sabiendo que no fuimos padres perfectos, podemos confiar que el Señor todavía puede enseñarles

a nuestros hijos ahora y por el resto de sus vidas. Pueden aprender
las cosas que nosotros no les enseñamos, o que no les enseñamos
tan bien como debíamos haberlo hecho, y pueden olvidar las cosas
que les enseñamos que no eran tan buenas. ¿Les enseñamos a pelear
con su cónyuge porque peleábamos con el nuestro? ¿Les enseñamos
que los adultos están demasiado ocupados para sus hijos por lo que
ellos estarán demasiado ocupados para los suyos? ¿Les enseñamos
que no tenían que esforzarse por nada porque hicimos que les fuera
demasiado fácil obtener todo lo que querían? ¿Les enseñamos que
no tienen que ir a la iglesia porque ese fue el ejemplo que les dimos?
Dios puede redimir cualquier cosa que no sea perfecta en la manera
que les enseñamos a nuestros hijos, y enseñarles lo que tienen que
saber ahora. Aun así, tenemos que orar para que eso suceda.

7. Tienes que saber que puedes decir de todo corazón: «Por este hijo adulto oraba»

Cuatro de esas cinco palabras entre comillas las expresó Ana en
la Biblia, quien oró y oró por un hijo. Ana «con amargura de alma
oró a Jehová, y lloró abundantemente» (1 Samuel 1:10) por la falta
de un hijo. Entonces le prometió al Señor que si le daba un hijo, se
lo dedicaría a Él para toda su vida. El Señor escuchó la oración, y
ella dio a luz un hijo al año siguiente.

Cuando el niño tenía unos tres años, Ana lo llevó al templo y
se lo presentó al Señor tal y como lo prometió. Le dijo al sacerdote:
«Por este niño oraba, y Jehová me dio lo que le pedí. Yo pues, *lo dedico
también a Jehová;* todos los días que viva, será de Jehová» (1 Samuel
1:27-28, énfasis añadido). Y después adoró a Dios. Observa las
palabras en letra bastardilla. *Por este niño oraba... Jehová me dio lo
que le pedí... lo dedico también a Jehová.* Mantén esas palabras en
mente mientras lees este libro.

La historia de Ana es uno de los mejores ejemplos de las
oraciones fervientes y tenaces de un padre. He observado en la
Palabra, y en la vida, que mientras más fervientes son las oraciones,
cosas más sorprendentes son las que Dios hará a través de ellas. Por
eso es que no quiero que te *desanimes* cuando estés orando por tu

hijo adulto. Quiero que seas *ferviente*. El resultado de las oraciones fervientes, y de mucho tiempo, de Ana fue que dio a luz a Samuel, quien llegó a ser uno de los principales y más influyentes líderes de todo Israel.

Nunca sabes qué cosas maravillosas y grandes surgirán por tus oraciones fervientes en favor de tu hijo adulto. No obstante, primero tienes que hacer lo que hizo Ana y entregarle tu hijo adulto al Señor. Tienes que dejar a tu hijo en las manos de Dios. En todo el Antiguo Testamento y en el Nuevo Testamento hay ejemplos de padres que presentaron sus hijos al Señor. Es importante hacerlo tan pronto como sea posible. Debe quedar claro para todos, en especial para el enemigo, que este hijo es del Señor. Si nunca lo has hecho, puedes hacerlo ahora. Di: «Señor, te presento a (<u>nombre de tu hijo adulto</u>). Lo dedico a ti para tu gloria. Aunque veo en tu Palabra que es bueno haberlo hecho desde la temprana infancia, también sé por tu Palabra que nunca es demasiado tarde para hacer lo debido. Ahora lo dejo en tus manos».

Si ya le dedicaste tu hijo a Dios, di: «Señor, vuelvo a dedicarte a (<u>nombre de tu hijo adulto</u>). Te pido que te sirva todos los días de su vida y que te glorifique en todo sentido. Mientras viva, te pido que esté bajo tu ojo vigilante. Lo dejo de nuevo en tus manos. Te lo pido en el nombre de Jesús».

Entonces, adora a Dios como lo hizo Ana y dale la gloria a Él, que es mayor que cualquier cosa que tú o tu hijo adulto enfrente ahora o que enfrentará en el futuro. Dale gracias a Dios por los grandiosos regalos que le ha dado. Alábalo por las cosas maravillosas que hará en su vida a través de tus oraciones.

La única manera de tener paz en cuanto a tu hijo adulto es saber que lo has cubierto con oración. Cuando puedas decir como Ana: «Por este niño oraba», sabrás que has hecho lo más grandioso que puedes hacer por él. Cuando puedas decir: «Jehová me dio lo que le pedí», tendrás gozo en tu alma. Y cuando le hayas entregado a tus hijos adultos al Señor, tendrás paz sabiendo que los has puesto en las manos de tu Padre celestial, que es el padre más grandioso de todos.

La comprensión de que tu trabajo como padre nunca termina no tiene que ser una carga abrumadora. Puede ser un desafío gratificante. Dios te ha dado la carga de cada uno de tus hijos adultos para que los cubras con oración, y para que los ames y los apoyes de cualquier manera que tú y el Señor consideren apropiada. Es un privilegio servir al Señor de esta manera, sabiendo que trabajas con Él para ver que estos preciosos hijos suyos no se pierdan, destruyan, ni los seduzcan para alejarse del camino y de las bendiciones que Él tiene para ellos. Y esto es cierto, sin importar la edad que tengan. Conozco a personas de ochenta y noventa años que oran por sus hijos adultos que tienen sesenta y setenta años. ¿Te acuerdas que te dije que nunca se acaba?

Aun si tienes un hijo adulto que se ha apartado del camino que Dios tiene para él, o que nunca ha estado en el buen camino para comenzar, entiende que tus oraciones pueden ayudarlo a escuchar de Dios y a poder tomar decisiones sabias y terminar donde se supone que debe estar. A pesar de que Dios no violará la voluntad de tu hijo adulto, tus oraciones todavía tienen una fuerte influencia en su vida. Tus oraciones pueden abrir las puertas que tienen que abrirse y cerrar las que tienen que cerrarse.

Si apenas estás comenzando a orar por tu hijo adulto, tomará un poco de tiempo darle vuelta a ese barco y dirigirlo hacia una nueva dirección. Sigue orando, sin importar lo que suceda, y no te rindas. Aunque no hay garantías cuando se trata del resultado de las acciones que surgen de la sabiduría humana, *hay* garantías cuando se trata de la oración y del corazón de Dios. Si estás orando al Dios de lo imposible por un hijo adulto que en sí es imposible, o que parece estar en una situación imposible, esto significa que tendrás la oportunidad de presenciar un milagro.

Ya no tenemos el control de nuestros hijos adultos. No podemos hacer que hagan lo que *queremos*. Con todo, al orar podemos ayudarlos a escuchar de Dios a fin de que pueda guiarlos a hacer lo que *Él* quiere. Con nuestras oraciones podemos ayudarlos a evitar los peligros de la vida y las trampas del enemigo diseñadas para su destrucción. No es que estemos tratando de alejar cada uno de sus problemas con la oración, aunque fuera posible, porque entonces nunca crecerían ni aprenderían las lecciones que tienen que aprender. Con todo, podemos ayudarlos a permanecer en el buen camino de modo que sean capaces de crecer y llegar a ser las personas que Dios quiere que sean.

No siempre conocemos los detalles específicos por los que tenemos que orar en cuanto a nuestros hijos adultos, porque a menudo solo nos cuentan lo que quieren que sepamos. No obstante, cuando *sí* sabemos cosas específicas por las que debemos orar en cuanto a sus vidas, deberíamos orar sin falta por esas cosas. Sin embargo, hay una manera de orar todos los días por tus hijos adultos, sin conocer detalles, que cubrirá sus vidas y los mantendrá en el camino que Dios les tiene reservado.

Los catorce capítulos siguientes contienen catorce maneras de orar por tus hijos adultos, sin importar lo que esté sucediendo en sus vidas. Ya sea que sus vidas sean perfectas, o que todo esté saliendo mal o más o menos, la oración por estas cosas los protegerá, hará que se muevan en la dirección adecuada y te dará paz en el proceso. Los primeros cuatro capítulos son una base crucial para el resto, así que lee estos en orden de modo que puedas sentar la base. Luego, puedes moverte por los otros diez capítulos en cualquier orden que quieras, de acuerdo con tus mayores preocupaciones.

Ya que nadie tiene la carga que llevas en el corazón por tus hijos adultos, tus oraciones por ellos tendrán un fervor que nadie más tendrá. ¿Comenzamos?

—m—

⌒ EL PODER DE LA ORACIÓN ⌒

SEÑOR, TE PIDO QUE me enseñes a interceder por mis hijos adultos. Gracias por que me amas a mí y a mis hijos y escucharás mis oraciones por ellos. Libérame de toda preocupación y zozobra que tenga por sus vidas a fin de que pueda tener paz. Sé que eres mayor que cualquier cosa que enfrenten. Te doy gracias debido a que como derramas tu amor y poder en mí, mis oraciones por ellos tendrán poder.

Ayúdame a no culparme por las cosas que salen mal en sus vidas. Te confieso los errores que haya cometido y te pido que los redimas y que me liberes de mi culpa. Ayúdame a perdonar a mis hijos adultos por cualquier cosa que hayan hecho para herirme o decepcionarme. Ayúdame a perdonar a cualquiera que haya lastimado a mis hijos adultos de cualquier manera. Ayúdame a perdonarme cada vez que sienta que no he sido un padre perfecto.

Señor, sé que eres el único padre perfecto. Gracias por amar a mis hijos adultos tanto como yo. Gracias por escuchar mis oraciones por ellos. Dame fe para creer y paciencia para esperar las respuestas. Ahora digo: «Por este hijo adulto oraba, y tú, Señor me diste lo que te pedí» (1 Samuel 1:27). Te doy toda la alabanza y la gloria.

Te lo pido en el nombre de Jesús.

—⟡—

⤳ El poder de la Palabra ⤶

Y esta es la confianza que tenemos en él, que si pedimos
alguna cosa conforme a su voluntad, él nos oye.
Y si sabemos que él nos oye en cualquiera cosa
que pidamos, sabemos que tenemos
las peticiones que le hayamos hecho.
1 Juan 5:14-15

Alma mía, en Dios solamente reposa, porque
de él es mi esperanza.
Salmo 62:5

Pedid, y se os dará; buscad, y hallaréis; llamad, y se os abrirá.
Porque todo aquel que pide, recibe; y el que busca, halla;
y al que llama, se le abrirá.
Mateo 7:7-8

Y a Aquel que es poderoso para hacer todas las cosas
mucho más abundantemente de lo que pedimos o
entendemos, según el poder que actúa en nosotros,
a él sea gloria en la iglesia en Cristo Jesús
por todas las edades, por los siglos de los siglos.
Amén.
Efesios 3:20-21

Perseverad en la oración, velando en ella
con acción de gracias.
Colosenses 4:2

1

VEAN A DIOS DERRAMAR SU ESPÍRITU EN SU VIDA

———

Una vez que pongas a tus hijos adultos en las manos de Dios y le dediques, o vuelvas a dedicar, sus vidas a Él (como lo describí casi al final de la introducción), la primera y más importante manera de comenzar a orar es pedirle a Dios que derrame su Espíritu en ellos. No importa por qué otra cosa necesites orar de manera específica; te dirigirás directo río arriba en contra de una fuerte corriente si tú y ellos no se mueven con la corriente del Espíritu de Dios.

Cada día queremos que el Espíritu de Dios venga sobre nosotros y nos lleve a donde tenemos que ir. Queremos que Dios abra nuestros ojos a la verdad y que abra nuestros corazones para escuchar su voz. Queremos que nos llene de nuevo con su Espíritu de modo que nuestras vidas puedan vivirse para Él y podamos dirigirnos hacia todo lo que tiene para nosotros. Y eso es justo lo que queremos para nuestros hijos adultos también.

Lo ideal es que nuestros mismos hijos adultos pidan un derramamiento del Espíritu Santo. Sin embargo, la realidad es que muchos jóvenes ni siquiera piensan en hacerlo, ni entienden lo que eso significa, ni por qué deberían hacerlo.

Sería maravilloso que nuestros hijos adultos oraran por *todas* las cosas que se sugieren en este libro para sus propias vidas, pero ya sea que lo hagan o no, necesitan de nuestro apoyo en oración.

Ora para que reciban un derramamiento del Espíritu Santo

Una promesa gloriosa que Dios proclamó a su pueblo por primera vez se escuchó en el Antiguo Testamento por medio del profeta Joel (Joel 2:28) y después Pedro la cita más adelante en el Nuevo Testamento. Dice:

> *«Y en los postreros días, dice Dios, derramaré de mi Espíritu sobre toda carne, y vuestros hijos y vuestras hijas profetizarán; vuestros jóvenes verán visiones, y vuestros ancianos soñarán sueños»* (Hechos 2:17, énfasis añadido).

Estamos viviendo los últimos días de los que Dios está hablando. Si no estás seguro de eso, lee tu Biblia y, luego, enciende el televisor y míralo por una semana. Verás señales inconfundibles de eso por todos lados. La promesa para nuestros hijos adultos en las palabras «vuestros hijos y vuestras hijas profetizarán» es que, cuando el Espíritu Santo se derrame en ellos, podrán escuchar a Dios. Tendrán la palabra de Dios en sus corazones y será un factor motivador en sus vidas. Y Dios será glorificado en el proceso.

Cuando nuestros hijos adultos puedan escuchar a Dios, sabrán a dónde los está guiando y entenderán cómo quiere que lo sirvan. Es posible que no sepan detalles, pero tendrán la dirección. Muy a menudo los, jóvenes adultos no pueden encontrar la dirección de sus vidas porque no han escuchado la palabra de Dios en sus corazones en cuanto a eso. Esto puede continuar durante años mientras que los hijos adultos estén sin rumbo ni tengan un sentido de propósito o llamado. Sin embargo, cuando el Espíritu Santo se derrama en ellos, pueden percibir la dirección de Dios y Él puede guiarlos por el buen camino y asegurar sus pasos de maneras que no podrían comenzar a hacerlo por su cuenta.

He conocido a demasiados padres buenos, piadosos y creyentes que tienen un hijo adulto que no hizo nada después de graduado del instituto. En cada caso, se negó a ir a la universidad o a la escuela técnica y no podía ni quería buscar trabajo. Los padres oraron y oraron, amenazaron, estimularon y suplicaron sin ningún efecto. Entonces, un día, después que le habían pedido a Dios que derramara su Espíritu en su hijo adulto se levantó del sofá, apagó el televisor y salió a forjarse una vida.

Podrías pensar: *¿Por qué esos padres no echaron a ese hijo haragán?* Sin embargo, no es tan fácil como parece. Cuando los echas, pueden meterse en muchos problemas. Pueden llegar a estar más vulnerables a las malas influencias porque tienen miedo o están desesperados. Debes tener la mente de Dios en esto. Tienes que estar seguro de que echar a tu hijo adulto de tu casa es lo que Dios quiere que hagas. En algunos casos, bien podría ser eso, pero no puede ser una decisión que surja de emociones humanas como la ira. Conozco a algunos padres que echaron a su hijo adulto porque pensaron que sería bueno para él, y resultó ser una decisión terrible porque cayó bajo algunas influencias horribles.

Debemos tener en cuenta que *Dios* puede hacer mucho más por nuestros hijos adultos de lo que *nosotros* podamos hacer jamás, por lo que tenemos que *pedirle* que hable a sus corazones con el poder de su Espíritu Santo. Tienen que poder escuchar a Dios respecto a cada aspecto de sus vidas, a las decisiones que tienen que tomar en cuanto a dónde van y qué hacen con la gente con la que pasan tiempo y que quizá traten de imitar.

Algunos hijos adultos van a estar más dispuestos a escuchar a Dios y serán más receptivos a la obra de su Espíritu en sus vidas que otros. Algunos no estarán dispuestos ni serán receptivos en lo absoluto. Al menos, en un principio. Ya sea que estén dispuestos o no, eso no debería afectar tus oraciones. Tú oras lo necesario sin importar cuál sea la actitud de tu hijo adulto hacia las cosas de Dios. *Tu* trabajo es orar, y el trabajo de *Dios* es responder. Recuerda, entregaste a tu hijo en las manos de Dios. Eso no significa que te diste por vencido con él. No estás diciendo: «Tómalo, Dios. Ya no puedo lidiar con él». Ni: «Eso es todo, Señor. Ya fue suficiente. Ahora es toda tuya». Significa que has quitado de tus hombros la carga que has estado llevando por tu hijo adulto y se la has entregado al Señor. Entonces, la carga que tienes está en la oración.

Ora para que entiendan el poder del Espíritu Santo

Hace más de quince años escribí *El poder de los padres que oran*, y me sirvió mucho en todos esos años. He visto innumerables respuestas a la oración en las vidas de mis propios hijos y he oído de miles de lectores las respuestas maravillosas a la oración que también han experimentado. Los que comenzamos a orar por nuestros hijos pequeños entonces, los hemos visto convertirse en adultos. Y también hemos visto cómo el mundo ha cambiado para empeorar, de alguna manera, todos los días. Ahora debemos tener una nueva estrategia en la oración por nuestros hijos adultos. Nuestras oraciones por el flujo del Espíritu Santo en sus vidas se convertirán en un poderoso escudo protector ante la inundación de esta cultura tóxica. No pueden navegar allí con éxito sin el poder de Dios.

El ambiente cultural actual devorará a nuestros hijos adultos, y los escupirá, si no son lo bastante fuertes como para reconocer las fuerzas destructoras, oscuras y poderosas que están en él y resistirlas. No importa lo horrible que haya sido nuestro entorno, no nos enfrentamos al derramamiento del mal que ellos enfrentan ahora. Se está poniendo tan peligroso que ni nuestros hijos adultos pueden mantenerse firmes por sí solos. Necesitan el poder del Espíritu Santo, y necesitan de nuestras oraciones que los ayuden a entender cómo obra con poder en su favor.

No solo debemos pedirle a Dios *cortésmente* que derrame su Espíritu en nuestros hijos adultos, tenemos que arrodillarnos y *clamar* por eso desde lo más profundo de nuestro ser. Tenemos que reconocer que ya se está derramando un espíritu en ellos ahora mismo, el espíritu de oscuridad, muerte, perversión, mentira, destrucción y maldad, y solo un derramamiento del Espíritu Santo puede negar eso en sus vidas antes de que los dañe o los destruya. Solo un derramamiento del Espíritu Santo puede conectarlos al poder de Dios.

Ora para que tengan la influencia del Espíritu Santo de verdad

El Espíritu Santo es el Espíritu de verdad (Juan 16:13). Todos debemos tenerlo funcionando como tal y por completo en nuestras vidas. Y esto es cierto para nuestros hijos adultos en especial. El Espíritu de verdad sacará la verdad a la luz y expondrá las mentiras.

No te cuento a propósito muchas historias de mis hijos adultos en este libro, y no se debe a que no haya historias que contar. Sin embargo, Christopher y Amanda son adultos y las historias les pertenecen a *ellos* y ellos las contarán. Y espero que lo hagan algún día, pues el resultado en cada caso ha sido grandioso para la gloria de Dios. No obstante, diré que cada uno de mis hijos adultos, en algún momento, nos puso delante un desafío que hizo que fuera necesario enfrentarlos por alguna decisión que tomaron en cuanto al camino en que estaban. Cada uno se había apartado del camino que Dios tenía para ellos, debido a malas influencias en sus vidas. No estoy culpando a las malas influencias, pues es obvio que algo en cada hijo adulto permitió que los arrastraran hacia lo que de seguro sabían que no era adecuado.

Esto sucedió en años y edades distintas en cada uno y estaban enfrentando problemas distintos por completo. Sin embargo, en ambos casos, había percibido con antelación en

.spíritu que algo no marchaba muy bien en *sus* espíritus. .n padre puede examinar los ojos de su hijo adulto y ver si el Espíritu Santo se refleja con toda su pureza, o si algo ha entrado en su mente y alma que está compitiendo con su presencia. Y esto es del todo cierto cuando le pides al Espíritu Santo de verdad que revele lo que necesitas saber, a fin de poder orar con eficacia por sus vidas.

Mi esposo y yo sentíamos que algo no estaba bien, pero no teníamos ninguna evidencia concluyente. Por lo que solo le pedimos a Dios que revelara todo lo que tenía que revelarse y que no dejara que se salieran con la suya en cualquier cosa. Le pedimos a Dios que derramara su Espíritu en ellos y que los convenciera de cualquier cosa en sus vidas que no lo estuviera glorificando. Le pedimos al Espíritu de verdad que les revelara la verdad a ellos y a nosotros.

En cada caso, no mucho después de nuestra oración, alguien nos llamó para decirnos que estaba preocupado por nuestro hijo adulto y por qué. Así que visitamos a cada uno y les dijimos lo que el Espíritu Santo había puesto en nuestros corazones. También les dijimos lo que nos dijeron, pero no quién nos lo dijo (nunca revelo mis fuentes). De inmediato, admitieron lo que sospechábamos y se arrepintieron de manera profunda y completa.

Este fue un punto decisivo para cada hijo adulto, porque fueron diferentes desde entonces. Fueron más serios con sus vidas, con su futuro y con el Señor. Llegaron a ser mucho más cuidadosos y sabios con sus relaciones y acciones. El Espíritu Santo les habló con poder y sus corazones se abrieron a un nuevo nivel de su obra en sus vidas. Todo esto no podía haber sucedido sin que el Espíritu de verdad penetrara en sus vidas y les revelara lo que necesitaban ver.

Aun cuando no estoy usando muchas historias de las vidas de mis hijos adultos, excepto algunos ejemplos menores como este, donde no se compromete su privacidad, hay innumerables padres de hijos adultos con los que he hablado largo y tendido acerca de los problemas que han enfrentado con sus hijos. Estas conversaciones me han dado más que suficientes ejemplos para ilustrar lo que necesito en cada capítulo. Sin embargo, a fin de proteger la privacidad de todos, no mencionaré ningún nombre real ni detalles que identifiquen a alguien. Además, casi cada ejemplo que cito está basado en más de un caso. Así que podría ser cualquiera de varios hijos adultos de quien estoy hablando en este libro.

Dicho esto, he visto innumerables respuestas a oraciones por los hijos adultos. Si te las contara todas, te animarías en gran medida a orar por los tuyos. Espero que los que menciono te den el ánimo que necesitas.

Si tienes un hijo adulto que te ha lastimado o preocupado, o ha ocasionado problemas propios, a ti o a otros, pídele a Dios que derrame su Espíritu en él ahora mismo. No pierdas tiempo culpándote, ni culpando al otro padre o a tu hijo. No estoy diciendo que tus hijos adultos no tengan la responsabilidad por lo que ocurre en sus vidas. En realidad, lo son. Aun así, el factor decisivo es que solo un derramamiento del Espíritu Santo en tus hijos adultos es lo suficiente poderoso para resistir el ataque del espíritu del mal que llega a sus vidas. Pedirle a Dios que derrame su Espíritu en tu hijo adulto es una oración sencilla, con ramificaciones poderosas, tanto para ti como para ellos.

Le he pedido a Dios que derrame su Espíritu Santo en *ti* y hable a tu corazón al orar por un derramamiento del Espíritu Santo en tus hijos adultos. Estoy ansiosa por enterarme de los resultados.

—m—

⟶ EL PODER DE LA ORACIÓN ⟵

SEÑOR, TÚ DIJISTE QUE en los últimos días derramarías tu Espíritu en toda carne. Clamo a ti desde lo más profundo de mi corazón y te pido que derrames tu Espíritu Santo en mis hijos adultos. Derrama tu Espíritu en mí y en los demás integrantes de mi familia también. Derrama tu Espíritu en todos sus parientes políticos, presentes y futuros. Derrama tu Espíritu en cualquier circunstancia difícil que cada uno de mis hijos adultos esté enfrentando. Sé el Señor en cada parte de sus vidas y en cada aspecto de su ser.

Habla al corazón de mi hijo adulto y ayúdalo a escucharte. Permítele comprender tu guía y dirección para su vida. Abre sus oídos para que escuche tu verdad y rechace todas las mentiras. Ayúdalo a moverse con el poder de tu Espíritu. Permítele elevarse por encima del ataque del mal en nuestra cultura.

Cuando se haya apartado de ti de alguna manera, extiende tu mano y hazlo retroceder. No permitas que se salga con la suya con algo que no te agrade. Convence su corazón y tráelo de regreso a donde debería estar. Que el Espíritu Santo derramado en él neutralice por completo el poder del enemigo que intenta derramar el mal en su vida.

Sé que tú puedes hacer mucho más en la vida de mi hijo adulto de lo que yo pueda hacer jamás, y te invito a que lo hagas. No obstante, si hay algo que deba hacer, o *no* deba hacer, aclárameló para que pueda hacer lo apropiado. Espíritu Santo de verdad, revélanos la verdad que tenemos que ver, tanto ellos como yo. Guíame siempre con las respuestas que les dé.

Te pido que mi hijo adulto nunca entristezca a tu Espíritu Santo (Efesios 4:30), sino que lo reciba como un regalo tuyo (Lucas 11:13). Llénalo con tu Espíritu y derrama en él tu paz, esperanza, fe, verdad y poder. Que un espíritu de alabanza surja en su corazón y enséñale a adorarte en Espíritu y en verdad.

Te lo pido en el nombre de Jesús.

⟶⟵

⟋ EL PODER DE LA PALABRA ⟍

Pues si vosotros, siendo malos, sabéis dar buenas
dádivas a vuestros hijos, ¿cuánto más vuestro Padre
celestial dará el Espíritu Santo a los que se lo pidan?
LUCAS 11:13

Pero recibiréis poder, cuando haya venido sobre vosotros
el Espíritu Santo, y me seréis testigos en Jerusalén,
en toda Judea, en Samaria, y hasta lo último de la tierra.
HECHOS 1:8

A cualquiera que dijere alguna palabra contra el Hijo
del Hombre, le será perdonado; pero al que hable
contra el Espíritu Santo, no le será perdonado,
ni en este siglo ni en el venidero.
MATEO 12:32

Porque nunca la profecía fue traída por voluntad humana,
sino que los santos hombres de Dios hablaron siendo
inspirados por el Espíritu Santo.
2 PEDRO 1:21

Arrepentíos, y bautícese cada uno de vosotros en el
nombre de Jesucristo para perdón de los pecados;
y recibiréis el don del Espíritu Santo.
HECHOS 2:38

2

DESARROLLEN UN CORAZÓN PARA DIOS, SU PALABRA Y SUS CAMINOS

—⁓⁓—

La gente que tiene un corazón para Dios quiere conocerlo. Y quiere conocerlo bien. La gente que busca a Dios quiere lo que quiere *Él*. Y lo que Dios quiere es que lleguemos a ser más semejantes a Él. Ya que todos no llegamos al nivel que Dios tiene para nosotros por la forma en que pensamos, actuamos y vivimos nuestras vidas, todos tenemos que cambiar. Sin embargo, solo Dios puede hacer cambios duraderos en nosotros. Y solo cuando lo buscamos a Él para esos cambios.

No importa por cuánto tiempo hayamos conocido a Dios o caminado a su lado, siempre podemos orar para que lo conozcamos mejor y que caminemos con Él más de cerca. De la misma manera en que oramos por nosotros, también podemos orar por nuestros hijos adultos. Aunque con la oración no podemos hacer que tengan una relación con Dios, *podemos* orar para que sus corazones se *vuelvan hacia el Señor* y se abran para *recibir de Él*. Podemos orar para que sus corazones se cierren a las mentiras del enemigo y se abran a la verdad de Dios.

A continuación hay algunas maneras específicas para orar en cuanto al caminar con Dios de tu hijo adulto.

Ora para que deseen conocer a Dios

El deseo en el corazón de cualquier persona de conocer a Dios será lo que salve su vida. Eso se debe a que cualquiera que en verdad quiere conocer a Dios, al final será llevado a los pies de Jesús, el Salvador. Podría haber otros en el mundo que afirman que pueden salvarte, pero Jesús es el único que murió y resucitó para demostrar que *Él* es el único que puede hacerlo en realidad.

Todos necesitamos ser salvos porque estamos perdidos sin Cristo. El apóstol Pedro dijo de Jesús: «Y en ningún otro hay salvación; porque no hay otro nombre bajo el cielo, dado a los hombres, en que podamos ser salvos» (Hechos 4:12). Sin Jesús, vagaremos tratando de encontrar un lugar en este mundo y nunca tendremos éxito en realidad. Siempre sentiremos que hay algo que falta porque no tendremos la conexión sólida con Dios y su poder que necesitamos para sobrevivir. Y nuestro futuro *eterno* no será bueno.

Todos necesitamos ser salvos porque esa es la única manera en la que podemos llegar a ser nuevos. «Por lo tanto, si alguno está en Cristo, es una nueva creación. ¡Lo viejo ha pasado, ha llegado ya lo nuevo!» (2 Corintios 5:17, NVI). Todos necesitamos tener un nuevo comienzo. Algunos sentimos que todos los días tenemos uno. Solo existe una manera de experimentar en verdad lo nuevo, y es al tener a Cristo en nosotros que nos renueva.

No hay ningún hijo adulto tan bueno que no tenga necesidad de ser salvo. Y no hay hijo adulto tan malo que *no pueda* ser salvo. La Biblia dice que Dios no abandonó a los israelitas «aunque su tierra fue llena de pecado contra el Santo de Israel» (Jeremías 51:5). Si Dios no abandonó a su pueblo después de todas las cosas horribles que hicieron, tampoco va a abandonar a tu hijo adulto, sin importar lo que haya hecho. Y no lo hará, en especial, cuando hay una mamá o un papá como tú que ora de manera ferviente y llama a la puerta del cielo todos los días en intercesión. Tus oraciones pueden ayudar a que tu hijo adulto le abra su corazón a Dios y que lo oiga mejor.

Es posible que tus hijos adultos conocieran al Señor desde una edad temprana, y si esto es así, sigue orando para que nunca se aparten de Él. Y no creas que eso no puede ocurrirte, pues cada creyente es blanco del enemigo que no se rinde al tratar de hacer que nos apartemos del camino. Hay influencias en el mundo ahora, diseñadas sobre todo con ese propósito. Tu hijo adulto necesita tus oraciones para mantenerse fuerte en la batalla.

Si tu hijo adulto no conoce al Señor, ora para que tenga un encuentro con el Dios vivo. Aunque sea difícil de imaginar, Dios se interesa aun más por su salvación que tú. «El Señor no retarda su promesa, según algunos la tienen por tardanza, sino que es paciente para con nosotros, no queriendo que ninguno perezca, sino que todos procedan al arrepentimiento» (2 Pedro 3:9).

En la Biblia Dios le mostró al profeta Jeremías dos cestas de higos. Una de las cestas tenía higos *buenos*, listos para comer; la otra tenía higos *malos* que no se podían comer. Dios dijo que así como los higos malos no se podían comer porque estaban tan malos, la gente mala era igual de inútil y que Él «los daría por escarnio» y que maldeciría sus vidas con un problema tras otro (Jeremías 24:8-10). La gente mala de la que está hablando aquí es gente cuyos corazones son duros para con Dios y todo lo que Él representa.

Por otro lado, Dios dijo que los higos *buenos* eran como la gente buena que llevaron en cautiverio en esa época. Dios dijo que *permitió* que se la llevaran, pero que la vigilaría y que la traería de regreso y la edificaría. La plantaría para que diera fruto y no la arrancaría para que no la destruyeran (Jeremías 24:1-6).

Lo que esto me dice de la naturaleza de Dios, en cuanto a nuestros hijos adultos, es que cuando una persona está determinada de manera despiadada a oponerse a Dios de cualquier manera, Él la entregará a los problemas. Sin embargo, cuidará y edificará al que tiene un corazón dispuesto para *conocer* a *Dios*, a fin de que pueda llegar a producir fruto. Y aunque se aparte del camino y que Dios permita que le ocurran cosas difíciles, será para su bien final.

Lo siguiente que Dios dice acerca de la gente buena, que representan los higos buenos, es: «Y *les daré corazón para que me conozcan* que yo soy Jehová; y me serán por pueblo, y yo les seré a ellos por Dios; porque *se volverán a mí de todo su corazón*» (Jeremías 24:7, énfasis añadido).

¡Gracias a Dios por esa maravillosa promesa para nosotros y, en especial, para nuestros hijos adultos! *Aunque se hayan apartado de Dios, Él les dará un corazón para que lo conozcan.* Y si han terminado lejos de donde se supone que deben estar, Dios lo usará para su bien y hará que vuelvan a Él de todo corazón.

Esta única promesa debería darle esperanza a cualquier padre. Sin embargo, el asunto en cuanto a las promesas de Dios es que tienen que estar empapadas de oración a fin de apropiárnoslas para nuestras vidas. Tenemos que decir: «Señor, te pido que le des a (nombre de tu hijo adulto) un corazón que te conozca como Señor y que siempre te busque con todo su corazón».

Ora para que deseen vivir en el camino de Dios

Una de las muchas razones para orar, de modo que Dios derrame su Espíritu en nuestros hijos adultos, es que tener al Espíritu Santo en nuestras vidas es la única manera en que podemos vivir en el camino de Dios con éxito. Todos necesitamos ayuda en eso. Nadie puede obedecer las leyes de Dios sin su ayuda. No podemos ser lo bastante buenos como para tener una relación con Dios. Cuando le damos nuestros corazones y nuestras vidas a Dios, *Él* nos ayuda a ser obedientes y buenos. La *opción* es nuestra, pero *Él* hace que eso ocurra.

Jesús dijo que tenía que irse para enviarnos al Espíritu Santo. «Pero yo os digo la verdad: Os conviene que yo me vaya; porque si no me fuese, el *Consolador* no vendría a vosotros; mas si me fuere, os lo enviaré. Y cuando él venga, *convencerá al mundo de pecado, de justicia y de juicio*» (Juan 16:7-8, énfasis añadido). El Espíritu Santo es demasiado puro para residir en gente sin purificar. La sangre de Jesús, el Cordero expiatorio de Dios, es la que nos purifica. Cuando recibimos a Jesús, somos purificados con la sangre que Él derramó por nosotros cuando pagó el precio por nuestros pecados.

El Espíritu Santo es el único que puede ayudarnos a hacer lo bueno. Él nos enseña lo que tenemos que hacer al hablar a nuestros corazones y le da vida a la Palabra de Dios mientras aprendemos de ella. También obra en nuestros corazones una tendencia a hacer lo bueno. Forma en nosotros un barómetro santo que nos dice, de manera instintiva, lo que está bien y lo que está mal. La Biblia dice que cuando vivimos según el Espíritu, fijamos nuestra mente en las cosas del Espíritu. Dice que estamos *en* el Espíritu si el Espíritu de Dios mora *en* nosotros (Romanos 8:6-10). Sin embargo, Dios no llama a la puerta de nuestros corazones. Él espera a que lo invitemos. Aunque no podemos orar para que el Espíritu entre en nuestros hijos adultos, *podemos* orar para que se suavicen sus corazones y que haya una apertura a fin de que escuchen la voz del Señor que les habla. *Podemos* orar por un silenciamiento de las mentiras del enemigo a su alrededor, de modo que sean capaces de escuchar la voz del Espíritu de verdad.

Nadie puede saber cuáles son los caminos de Dios si no lee su Palabra. Ora para que tu hijo adulto tenga un corazón para la Palabra de Dios. La Biblia dice que la ley de Dios es «perfecta, que convierte el alma»... «fiel, que hace sabio al sencillo»... «recta, que alegra el corazón»... «pura, que alumbra los ojos»... «deseable es más que el oro»... «y dulce más que miel, y que la que destila del panal» (Salmo 19:7-10). El libro de Proverbios dice: «*El que menosprecia el precepto perecerá por ello*, mas el que teme el mandamiento será recompensado» (Proverbios 13:13, énfasis añadido). Lo último que queremos es la destrucción de nuestros hijos adultos debido a la falta de conocimiento de la Palabra de Dios y de sus caminos.

Todos tenemos que tener conocimiento de la verdad, que es la Palabra de Dios, para que no terminemos creyendo una mentira. «No escuchéis las palabras de los profetas que os profetizan; os alimentan con vanas esperanzas; hablan visión de su propio corazón, no de la boca de Jehová [...] y a cualquiera que anda tras la obstinación de su corazón, dicen: No vendrá mal sobre vosotros» (Jeremías 23:16-17). ¿A cuánta gente la han guiado a un camino de destrucción porque creyó una mentira y no la verdad? Ora para que tus hijos adultos tengan tan gran conocimiento de la verdad que disciernan una mentira del enemigo a un kilómetro de distancia. Ora para que no escuchen a gente que habla de una visión de su propio corazón. Cualquier persona que sigue a la gente que desprecia al Señor la guiará por el mal camino y la destruirá.

Si no criaste a tus hijos en los caminos del Señor porque no conocías al Señor ni sus caminos, pídele a Dios que rescate esa situación ahora. Dale gracias por todas las cosas que les enseñaste a tus hijos que *eran* justas y buenas. Recuerda que Él dijo: «Todos tus hijos serán enseñados por Jehová», así que pídele que enseñe a tus hijos adultos sus caminos todos los días.

Si criaste a tus hijos en los caminos de Dios y se han apartado como adultos, ora para que ya no le den la espalda. Dios dice de la gente que no escucha su instrucción: «*Me volvieron la cerviz,* y no el rostro; y cuando los enseñaba desde temprano y sin cesar, no escucharon para recibir corrección» (Jeremías 32:33, énfasis añadido). Ora para que tus hijos adultos escuchen la voz de Dios y nunca le den la espalda.

Si eres uno de los padres bendecidos cuyos hijos adultos se criaron en los caminos de Dios y nunca se han apartado de ellos, ora para que nunca lo hagan. Dios dijo: «Me serán por pueblo, y yo seré a ellos por Dios. Y les daré un corazón, y un camino, para que me teman perpetuamente, *para que tengan bien ellos, y sus hijos después de ellos*. Y haré con ellos pacto eterno, *que no me volveré atrás de hacerles bien, y pondré mi temor en el corazón de ellos, para que no se aparten de mí*» (Jeremías 32:38-40, énfasis añadido).

Ora para que tus hijos adultos siempre tengan el temor de Dios en sus corazones. Dale gracias a Él porque el temor de Dios en *tu* corazón llegará a ser una rica herencia para *ellos* también.

Ora para que deseen tener un corazón contrito

Tener un corazón contrito es una de las claves para el éxito. Un corazón contrito dice: «Muéstrame mis pecados, Señor, y me arrepentiré de ellos. Guíame en tus caminos. No me aferraré con rebeldía a *mi manera* de hacer las cosas, si es en contra de *tus caminos*». Tener un corazón contrito no quiere decir que necesariamente hayamos hecho algo terrible, aunque sí puede significar eso. Lo que quiere decir es que estamos dispuestos a permitir que Dios nos muestre que no hemos hecho las cosas a la perfección. Significa que estamos dispuestos a ver nuestros propios errores, en lugar de pensar de manera farisaica que somos tan buenos que nunca necesitamos arrepentirnos de nada.

En mi libro *The Power of Prayer to Change Your Marriage*, hablo de cómo, en muchos de los matrimonios que he visto que se han destruido y terminado en divorcio, siempre ha habido por lo menos una persona que no tenía un corazón contrito. Había una persona que no estaba dispuesta a decir: «Veo mi parte en estos problemas y haré lo necesario para rectificarlo». En realidad, ambas personas deberían decirlo y no solo una. Con frecuencia, la mujer había pedido alguna clase de cambio en su esposo y él se negaba a escuchar. Se rehusaba a ver lo que tenía que hacer para reubicar los deseos de su esposa. Rechazaba tener un corazón contrito. El corazón contrito es la clave. Y Dios se lo dará a cualquier persona que procure tenerlo.

Un corazón contrito es donde no hay rebeldía. La rebeldía dice: «Quiero lo que quiero cuando lo quiero, y merezco tenerlo sin importar cómo lo obtenga ni a quién lastime. No tengo que vivir según las reglas de *mis padres*. No tengo que vivir según las reglas de *Dios*, ni tengo que vivir según las reglas de mi *cónyuge*. Tengo *mis propias reglas* y los demás viven de acuerdo a ellas». La rebelión es vivir a sabiendas fuera de los caminos de Dios.

Jeremías habló con Dios en cuanto a la desobediencia de Israel a los caminos del Señor y al juicio cuando dijo: «Oh Jehová, ¿no miran tus ojos a la verdad? Los azotaste, y no les dolió; los consumiste, y no quisieron recibir corrección; endurecieron sus rostros más que la piedra, no quisieron convertirse» (Jeremías 5:3).

Endurecer la cara «más que la piedra» significa que una persona se niega a recibir corrección. *No hay dolor* en su corazón por las cosas que hace mal. Es más, muchas veces *no hay reconocimiento* en su corazón de que haya hecho algo malo. Ese es un corazón rebelde. Una persona con *corazón contrito* se lamenta por lo que hace y que viola los caminos de Dios.

Jeremías continuó hablando de las consecuencias para la gente que vive en rebeldía hacia los caminos de Dios, aunque conozca la verdad. Como resultado de ser desobedientes e incorregibles, estas personas perdieron la protección de Dios en sus vidas.

Si no reconocemos nuestro pecado, este nos controla. «Porque como pecado de adivinación es la rebelión, y como ídolos e idolatría la obstinación» (1 Samuel 15:23). Solo el arrepentimiento romperá el agarre que el pecado tiene en la vida de alguien. Sin él, la muerte que viene con el pecado sin arrepentimiento se fija en nuestras vidas. Sin arrepentimiento pagamos sin cesar el precio de no vivir en los caminos de Dios.

Dios no escuchará nuestras oraciones si vivimos en rebeldía. Dios no escucha nuestras oraciones cuando tenemos pecado sin arrepentimiento en nuestras vidas. «Pero vuestras iniquidades han hecho división entre vosotros y vuestro Dios, y vuestros pecados han hecho ocultar de vosotros su rostro *para no oír*» (Isaías 59:2, énfasis añadido). No puede estar más claro que esto, pero si necesitas algo más para convencerte, qué te parece esto: «Si en mi corazón hubiese yo mirado a la iniquidad, *el Señor no me habría escuchado*» (Salmo 66:18, énfasis añadido). El salmista que escribió esto también dijo que cuando clamó a Dios, Él lo liberó (versículo 19), pero eso no habría sucedido si hubiera mantenido pecado en su corazón. Cuando queremos respuestas a nuestras oraciones, tenemos que tener corazones limpios ante Dios, y para eso se requiere un corazón contrito.

Un corazón contrito es un corazón humilde. El orgullo nos destruye. La humildad nos da honra. «La soberbia del hombre le abate; pero al humilde de espíritu sustenta la honra» (Proverbios 29:23). El orgullo es nuestra perdición porque es lo que siempre nos mantendrá sin arrepentimiento. Sin embargo, una persona con corazón humilde puede reconocer su propio pecado. Lo opuesto a humilde es arrogante. La arrogancia evita que veamos la verdad acerca de nosotros mismos.

Cuando nuestros hijos eran pequeños, una de las maneras en que Michael y yo nos asegurábamos que se hubiera implementado una disciplina eficaz cuando hacían algo malo era observar si Christopher y Amanda tenían un corazón arrepentido o no. En otras palabras, ¿se apenaban de verdad por lo que hicieron o solo porque los sorprendimos? Si parecía que el castigo ni siquiera los desconcertaba, no lo hicimos bien. Creíamos que era injusto para un hijo no dejarlo aprender que hay consecuencias por hacer el mal. Cuando los niños no aprenden eso, crecen y les es *fácil* hacer el mal porque creen que nada les ocurrirá. No aprenden el dominio propio. ¿Cuántas veces hemos visto a un vil asesino en juicio que se declara culpable y no tiene ningún remordimiento? Observamos arrogancia en lugar de humildad. Sin duda, mientras esa persona crecía nunca tuvo consecuencias lo bastante serias por sus acciones que le formaran un corazón contrito.

Creo que procurar un corazón contrito en cada uno de nuestros hijos les hizo receptivos y sensibles al hacerles frente y corregirlos en la edad adulta cuando se apartaban del camino. No evitó que volvieran a hacer algo malo, pero hizo que se arrepintieran enseguida.

Todos hemos visto resultados desastrosos cuando un adulto joven se niega a recibir corrección de un padre o una persona de autoridad, y con rebeldía sigue haciendo lo que quería hacer. Cuántas veces hemos observado a jóvenes que según informa la televisión hacen cosas horrendas y nos preguntamos: *¿Cómo pudieron ser tan tontos? ¿Acaso no saben que desperdician sus vidas? ¿Por qué pensaron que podían salirse con la suya? ¿Qué los hizo tan arrogantes como para creer que no habría consecuencias?*

Esteban, uno de los hombres elegidos para ayudar a los discípulos después de la crucifixión de Jesús, estaba lleno de fe y del poder del Espíritu Santo (Hechos 6:5). A la gente que lo cuestionaba los llamó «¡duros de cerviz, e incircuncisos de corazón y de oídos!». Dijo: «Vosotros resistís siempre al Espíritu Santo» (Hechos 7:51). «Duro de cerviz» significa terco. «Incircunciso de corazón» significa sin arrepentimiento. Con el solo hecho de ser terco y no tener arrepentimiento, una persona se ha resistido al Espíritu Santo.

Dios siempre bendecirá a la persona que tiene un corazón rápido para escuchar de Él y para arrepentirse cuando comete errores. Ora para que tus hijos adultos tengan corazones para Dios, que sean *obedientes* a Él y se sientan *contritos*. Eso quiere decir que siempre están *dispuestos a que el Espíritu Santo los corrija*. También debemos orar para que nosotros tengamos corazones contritos. Es lo que Dios quiere de cada uno de nosotros y nos hará bien todos los días de nuestra vida.

Ora para que deseen saber lo que Dios ha hecho

Dios nos da una manera de legarles a nuestros hijos una herencia *espiritual*. Y esta herencia espiritual es más importante que la monetaria. Con una herencia espiritual tus hijos adultos pueden comenzar a recibirla de inmediato. Por lo tanto, si no puedes dejarles a tus hijos adultos mucho a manera de herencia que puede depositarse en un banco, no te preocupes porque puedes dejarles una herencia espiritual que les durará todo el tiempo de su vida en la tierra. Una herencia espiritual es un legado de buen carácter, integridad, amor, un buen nombre, libertad de la esclavitud y bendiciones de Dios. En otras palabras, es más probable que tus hijos adultos hereden en sí mismos lo que han visto ejemplificado en ti.

Una de las maneras en que puedes dar un legado espiritual es decirles a tus hijos lo que Dios ha hecho en tu vida. Asaf, un salmista que escribe en el Antiguo Testamento, habló de las cosas que Dios hizo: «Abriré mi boca en proverbios; hablaré cosas escondidas desde tiempos antiguos, las cuales hemos oído y entendido; que nuestros padres nos las contaron. No las encubriremos a sus hijos, contando a la generación venidera las alabanzas de Jehová, y su potencia, y las maravillas que hizo» (Salmo 78:2-4). Sigue diciendo que Dios les ordenó que les dijeran estas cosas a sus hijos para que las generaciones futuras supieran de ellas y no olvidaran lo que hizo el Señor. Y eso ayudaría a sus hijos adultos para que pusieran su esperanza en Dios, y evitaría que llegaran a ser personas tercas y rebeldes que no tuvieran corazones rectos ni espíritus fieles (Salmo 78:5-8).

Allí están las mismas palabras otra vez: «terco y rebelde». Lo que el salmista está diciendo es que Dios quiere que los padres les digan a sus hijos lo que Él ha hecho en sus vidas, de modo que sus hijos no lleguen a ser rebeldes. Nosotros, también, tenemos que decirles a nuestros hijos lo que Dios ha hecho en *nuestras* vidas, a fin de que no vivan en rebeldía y puedan enseñarles estas cosas a sus propios hijos. Queremos que nuestros hijos adultos nunca olviden la bondad de Dios con nosotros, para que pongan su esperanza en el Señor y decidan vivir a su manera.

Más adelante en ese salmo se dice que las personas que *no* recordaron lo que Dios había hecho «tentaban a Dios, y provocaban al Santo de Israel. *No se acordaron de su mano, del día que los redimió de la angustia*» (Salmo 78:41-42, énfasis añadido). Al final, acabaron rebelándose en contra de Dios y se volvieron a los dioses falsos (Salmo 18:56-58). Por eso es que tenemos que decirles a nuestros hijos todas las veces que Dios nos ha salvado de las manos del enemigo. Tenemos que recordar su poder que nos ha mostrado en el pasado para que nos acordemos de su poder en el presente, cuando más lo necesitamos. Y eso nos dará paz en cuanto al futuro.

Es importante comunicarles a tus hijos pequeños y a tus hijos adultos lo que Dios significa para ti, cómo ha respondido tus oraciones y todas las grandes cosas que ha hecho por ti en el pasado, más lo que anticipas que haga por ti en el futuro. Diles cómo te reúnes con el Señor, cómo te ha cambiado y ha provisto para ti, y cómo te está guiando ahora. Eso fortalecerá *su* fe, así como la tuya, porque lo recordarán, incluso muchos años después. No lo hagas como si estuvieras predicando un sermón. Solo encuentra un buen momento para contar la historia de las cosas buenas que Dios ha hecho por ti y te ha enseñado. Cuando les reveles esa valiosa parte de tu vida, verán cuánto significa para ti y les impresionará.

Si acabas de comenzar a andar en los caminos de Dios, o has conocido al Señor ya cuando tus hijos estaban crecidos, no creas que es demasiado tarde para dejarles una herencia espiritual a tus hijos. Dios hará grandes cosas por ti ahora... incluso hoy. Pídele que te enseñe algo grandioso de su Palabra. Pídele al Espíritu Santo que haga cosas maravillosas en tu vida ahora mismo. Y cuando lo haga, escríbelas y recuerda contárselas a tus hijos adultos cuando sea apropiado. Puedes tener una riqueza de cosas que contar de lo que Dios ha hecho en un período muy corto.

No leerías este libro si no quisieras lo mejor para tus hijos adultos y paz mental para ti. Quieres ayudarlos lo mejor que puedas, pero no quieres ocupar el lugar de Dios como la fuente suprema para todas sus necesidades. Quieres influir y conmoverlos de la manera más piadosa posible, pero también quieres que tengan su propia relación fuerte con Dios para que deseen vivir en sus caminos. Quieres que amen a Dios así como tú lo amas.

La mejor manera de ayudarlos a aprender a amar a Dios es mostrarles cuánto *Él los* ama. Y tú haz esto demostrándoles cuánto *los* amas. Háblales de las cosas buenas que ves *en* ellos y del gran futuro que anticipas *para* ellos. Háblales de lo que la Palabra de Dios dice de ellos. Cuando tus hijos adultos vean el amor que les tienes, estarán más dispuestos, te dejarán entrar en sus vidas y te contarán sus preocupaciones y necesidades más profundas. Cuando escuchen del amor de Dios por ellos, también se presentarán a Él de una nueva y más profunda manera.

—⁓—

─◌ EL PODER DE LA ORACIÓN ◌─

Señor, te ruego por (<u>nombre de tu hijo adulto</u>) y te pido
que le des un corazón para ti. Te pido que así como se decía
de Daniel, tu siervo bueno y fiel, que «había en él un espíritu
superior» (Daniel 6:3), que también pueda decirse de mi hijo
que hay en él un espíritu superior. Acércalo a ti y permítele
llegar a ser más semejante a ti.

Tú dices en tu Palabra que eres la puerta por la que cualquiera puede ser salvo (Juan 10:9). No permitas que vaya a cualquier
otra puerta que no sea el camino a la eternidad que tienes para
él. Cuando mi hijo se aparte de ti de alguna manera, haz que
vuelva a ti con todo su corazón (Jeremías 24:7). Permítele que
llegue a ser una nueva creación en Cristo, como lo dices en tu
Palabra (2 Corintios 5:17).

Dale un corazón contrito, la clase de corazón que es humilde
y que te busca. Cuando sea rebelde de cualquier manera, te
pido que le crees un corazón limpio y que renueves un espíritu
recto dentro de él. Quita todo el orgullo que le haga pensar que
puede vivir sin ti. Dale el deseo de querer lo que quieres tú.

Te pido que ame tu Palabra y que alimente su corazón
con ella todos los días. Háblale a su corazón y dale vida a cada
palabra para que sea viva en él. Enséñale tus caminos y tus leyes
y permítele hacer lo bueno. Te pido que calles la voz del enemigo
para que escuche a tu Espíritu Santo que le habla al corazón.
Dale un deseo de vivir a tu manera. Tú dices en tu Palabra que
cuando alguien aparta su oído de escuchar la ley, que incluso
su oración es una abominación (Proverbios 28:9). Te ruego que
nunca ensordezca sus oídos a tus leyes.

Dios, ayúdalo a tener pasión por tu presencia y tu Palabra.
Ayúdalo a percibir tu Espíritu Santo que lo guía. Te pido que
te exalte, que te ame lo suficiente como para ponerte primero
y que te sirva. Que el derramamiento del Espíritu Santo en su
vida fortalezca su devoción hacia ti. Te ruego que saque vida

de su relación contigo. Ajústalo a tu voluntad. Mantenlo en tu camino para que siempre esté donde tú quieres que esté, haciendo lo que quieres que haga.

Ayúdame a contarle a mi hijo adulto todas las cosas buenas que has hecho por mí y mi vida. Hazme más semejante a ti para que pueda dejarle una rica herencia espiritual. Permíteme inspirarle un mayor amor por ti, porque él ve tu amor en mí.

Te lo pido en el nombre de Jesús.

—∿—

⤙ El poder de la Palabra ⤚

Si permanecéis en mí, y mis palabras permanecen en
vosotros, pedid todo lo que queréis, y os será hecho.
En esto es glorificado mi Padre, en que llevéis
mucho fruto, y seáis así mis discípulos.
Juan 15:7-8

En el camino de la justicia está la vida;
y en sus caminos no hay muerte.
Proverbios 12:28

Porque los ojos de Jehová contemplan toda la tierra,
para mostrar su poder a favor de los que tienen
corazón perfecto para con él.
2 Crónicas 16:9

Y sabemos que Dios no oye a los pecadores;
pero si alguno es temeroso de Dios, y hace su
voluntad, a ese oye.
Juan 9:31

Acercaos a Dios, y él se acercará a vosotros.
Pecadores, limpiad las manos; y vosotros los de
doble ánimo, purificad vuestros corazones.
Santiago 4:8

3

CREZCAN EN SABIDURÍA, DISCERNIMIENTO Y REVELACIÓN

—◆◆◆—

Para tener paz como padres, tenemos que orar para que ciertas cosas sean una realidad en las vidas de nuestros hijos adultos. Luego, tenemos que confiar en Dios para que responda esas oraciones. No podemos estar obsesionándonos por todo lo que ocurre en sus vidas, pues eso no solo nos *volvería* locos a nosotros, sino también a los que nos rodean. Además, de todas formas, esa no es la manera más eficaz de orar por ellos. No tenemos que averiguar cada mínimo detalle; ese trabajo es de Dios. Tenemos que orar por el cuadro global, orar por los asuntos más importantes, orar para que se neutralicen los planes del enemigo, por detalles específicos si los conocemos y orar para que la voluntad de Dios se haga en las vidas de cada uno de nuestros hijos.

Algunas de las cosas más importantes en nuestros hijos adultos, por las que tenemos que orar, son que actúen con sabiduría, discernimiento y revelación de Dios. Solo estos tres dones de Dios pueden llevarlos lejos en la vida y permitirles evitar situaciones serias en potencia. ¿Cuántos de *nosotros*, y cuántos de *ellos*, habríamos evitado algunos de los problemas por los que hemos pasado si solo hubiéramos tenido todos estos dones funcionando a plenitud en nuestras vidas?

Ninguno de nosotros puede terminar la vida con éxito sin sabiduría, discernimiento y revelación de Dios, ninguno de nuestros hijos adultos en especial. La sociedad tóxica, en la que tienen que avanzar a diario con dificultad, perpetúa muchas de las mentiras y los engaños que con solo tener el entendimiento de la Palabra de Dios, así como al tener la palabra *de* Dios en sus corazones dada por el Espíritu de sabiduría, pueden navegar por los escollos que les han puesto como trampas para que caigan allí. Solo al tener el discernimiento y la revelación de Dios pueden caminar con éxito en la confusión y el engaño que los rodea.

Teniendo sabiduría, discernimiento y revelación de Dios, nuestros hijos adultos pueden evitar encontrarse en el lugar equivocado a la hora equivocada. Eso puede evitar que tomen malas decisiones o que hagan malas elecciones. Puede evitar que alguna vez confíen en la persona equivocada o que no logren confiar en la adecuada cuando deberían hacerlo. Puede evitar que no elijan algo bueno por algo no tan bueno, en especial cuando lo verdadero es difícil de distinguir. Puede permitirles prever cosas que de lo contrario no podrían hacerlo. Puede darles una sensación de peligro o presentimiento cuando es para su bien tenerlos. Puede mantenerlos lejos de problemas y perjuicio.

Todos necesitamos que estos tres dones de Dios funcionen en nuestras vidas todos los días. Debemos pedirle a Dios que tengamos sabiduría y discernimiento, y debemos pedirle que nos dé revelación en cuanto a lo que deberíamos hacer, a dónde deberíamos ir y cómo deberíamos pensar. No solo podemos pedir estas cosas para nosotros, sino también para nuestros hijos adultos.

Ora para que tu hijo adulto tenga sabiduría de Dios

En la Biblia se habla tanto de la sabiduría que es obvio que se supone que no debemos vivir sin ella. Sin embargo, la sabiduría genuina solo viene de Dios. No es simple información. Tenemos más información de la que la mayoría de nosotros necesita en realidad y, sin duda, más de la que es segura en nuestro mundo. Como grupo, ahora mismo tenemos la información suficiente para hacer volar el mundo si algún loco, desorientado y lo bastante malo está en condiciones de hacerlo. Lo que necesitamos es más sabiduría para manejar la información que tenemos.

La sabiduría que el Espíritu de sabiduría derrama va más allá de la simple educación y el conocimiento. Es una percepción profunda de la verdad. No queremos que nuestros hijos adultos sean esa clase de personas que «siempre están aprendiendo, y nunca pueden llegar al conocimiento de la verdad» (2 Timoteo 3:7). Queremos que tengan la sabiduría de Dios, que es un *conocimiento en funciones* de la verdad. Cuando tienen la sabiduría de Dios, pueden tomar decisiones con rapidez cuando tienen que hacerlo y esas decisiones serán las adecuadas. Podrán tomar la información que tienen y usarla para bien, a fin de que lleve fruto.

Nuestros hijos adultos están ocupados con sus vidas, tratando de averiguar qué da resultado y qué no, quién es bueno para sus vidas y quién no. Están tratando de averiguar lo que tienen que hacer para tener éxito y cuánto tienen que trabajar o estudiar para lograrlo. Están pensando en establecer buenas relaciones, en encontrar el compañero ideal para el matrimonio y hacer que su matrimonio resulte. Están tratando de establecer un hogar sólido y de criar una familia de éxito. Están luchando por encontrar su lugar en el mundo, por lo que están ocupados, probando cuáles son sus límites y dones. Podrían averiguar todo esto mucho mejor si tuvieran la sabiduría de Dios. Tener sabiduría piadosa hará que sus vidas sean mucho más fáciles y sin impedimentos.

La Biblia dice que todo lo que tenemos que hacer es pedirle a Dios sabiduría y Él nos la dará. «Y si alguno de vosotros tiene falta de sabiduría, pídala a Dios, el cual da a todos abundantemente y sin reproche, y le será dada» (Santiago 1:5). Podemos pedir que el Espíritu derrame sabiduría en nuestros hijos también. Debemos pedirle a Dios que les dé sabiduría en cuanto a cómo pensar, actuar y vivir.

Cuando tenemos sabiduría, podemos ver las consecuencias de nuestras acciones antes de actuar, lo que nos permite tomar la decisión apropiada en cuanto a qué acción llevar a cabo. La sabiduría nos da una comprensión profunda sobre los asuntos de nuestras vidas y, como resultado, nos ayuda a tener la capacidad de razonar. Nos da comprensión, buen sentido y juicio sano. En realidad, podemos sentir el Espíritu de sabiduría que obra en nuestras vidas. ¿Alguna vez has tomado una decisión en cuanto a algo que solo *parecía* que era lo adecuado y más tarde te diste cuenta de que era *justo lo apropiado*, más de lo que pensaste en el momento? Ese es el Espíritu de sabiduría que obra en ti que te permite tomar buenas decisiones más allá de tu capacidad de hacerlo.

—~~~—

Siete maneras eficaces para orar con sabiduría

1. *Ora para que tu hijo adulto tenga la sabiduría para temer a Dios.* «El temor de Jehová es el principio de la sabiduría» (Proverbios 9:10). Toda la sabiduría comienza con la reverencia a Dios y sus caminos. Tener esa clase de reverencia da lugar para que el Espíritu de sabiduría encuentre un hogar en el corazón de tu hijo adulto.

2. *Ora para que tu hijo adulto tenga sabiduría para hablar las palabras adecuadas con otros.* «¿Has visto hombre ligero en sus palabras? Más esperanza hay del necio que de él» (Proverbios 29:20). Decir las palabras equivocadas en el tiempo equivocado ha hecho que demasiada gente se meta en problemas serios. Saber cómo decir las palabras

adecuadas y en el tiempo propicio puede abrirles puertas de bendición y gracia.

3. *Ora para que tu hijo adulto tenga sabiduría a fin de no blasfemar el nombre de Dios.* «Acuérdate de esto: que el enemigo ha afrentado a Jehová, y pueblo insensato ha blasfemado tu nombre» (Salmo 74:18). Las palabras que no glorifican a Dios son terriblemente destructoras para la persona que las usa. Esto se refleja en el tercero de los Diez Mandamientos que dice que Dios no dará por inocente a cualquiera que mencione el nombre del Señor en vano (Éxodo 20:7). Si parecen una blasfemia, esas palabras llevan consecuencias que son demasiado serias como para arriesgarse.

4. *Ora para que tu hijo adulto sea humilde y no orgulloso.* «Cuando viene la soberbia, viene también la deshonra; mas con los humildes está la sabiduría» (Proverbios 11:2). Tener humildad siempre es sabio, pero esto implica que no solo es sabio ser humilde, sino que al ser humilde crecemos en sabiduría.

5. *Ora para que tu hijo adulto tenga sabiduría de modo que no le atraiga la sabiduría del mundo.* «¿No ha enloquecido Dios la sabiduría del mundo?» (1 Corintios 1:20). «Porque la sabiduría de este mundo es insensatez para con Dios» (1 Corintios 3:19). Lo que el mundo ve como sabio es tonto a los ojos de Dios en realidad, y todo lo que el mundo ve como tonto es sabio a los ojos de Dios. Por ejemplo, el mundo ve que la fe en Jesús es una tontería, pero Dios lo ve como lo más sabio que podemos hacer.

6. *Ora para que tu hijo adulto tenga la sabiduría de la Palabra de Dios.* «Hijo mío, si recibieres mis palabras, y mis mandamientos guardares dentro de ti, haciendo

estar atento tu oído a la sabiduría; si inclinares tu
corazón a la prudencia, entonces entenderás el temor de
Jehová, y hallarás el conocimiento de Dios» (Proverbios
2:1-2, 5). Estar dispuesto a la Palabra y atesorar las
leyes y los caminos de Dios significa que estás inclinado
hacia el Espíritu de sabiduría que te permite descubrir y
entender cosas que no puedes comenzar a entender sin la
capacitación de Dios.

7. *Ora para que tu hijo adulto tenga la sabiduría de siempre
    buscar el consejo de gente piadosa y sabia.* «Inclina tu oído
    y oye las palabras de los sabios, y aplica tu corazón a
    mi sabiduría» (Proverbios 22:17). «Bienaventurado el
    varón que no anduvo en consejo de malos, ni estuvo en
    camino de pecadores, ni en silla de escarnecedores se ha
    sentado» (Salmo 1:1). Es importante que la gente que
    ejerce influencia en tus hijos sea piadosa, que esparce
    sabiduría con su dirección. Ora para que las únicas
    personas a las que oigan tus hijos sean personas en las
    que more el Espíritu de sabiduría.

Un pasaje largo del primer capítulo de Proverbios describe a
la sabiduría como una mujer que nos llama. *«La sabiduría clama
en las calles, alza su voz en las plazas»* (Proverbios 1:20, énfasis
añadido). A continuación, se destacan puntos de ese pasaje:

¿Hasta cuándo, oh simples, amaréis la simpleza, y
los burladores desearán el burlar, y los insensatos
aborrecerán la ciencia? Volveos a mi represión; he aquí
yo derramaré mi espíritu sobre vosotros, y os haré saber
mis palabras (versículos 22-23, énfasis añadido).

Sino que desechasteis todo consejo mío y mi represión no
quisisteis, también yo me reiré en vuestra calamidad, y
me burlaré cuando os viniere lo que teméis (versículos
25-26, énfasis añadido).

Entonces me llamarán, y no responderé; me buscarán de mañana, y no me hallarán. Por cuanto aborrecieron la sabiduría, y no escogieron el temor de Jehová, ni quisieron mi consejo, y menospreciaron toda reprensión mía (versículos 28-30, énfasis añadido).

Comerán del fruto de su camino [...] Porque el desvío de los ignorantes los matará, y la prosperidad de los necios los echará a perder (versículos 31-32, énfasis añadido).

Mas el que me oyere, habitará confiadamente y vivirá tranquilo, sin temor del mal (versículo 33, énfasis añadido).

En otras palabras, el Espíritu de sabiduría quiere derramar sabiduría en nosotros, pero si no procuramos tenerla y nos negamos al consejo, sufriremos las consecuencias. No obstante, si *buscamos* la sabiduría, tendremos vidas *a salvo y seguras*.

Así como lo describe el versículo 23 citado antes, como *un espíritu que se derrama sobre nosotros*, la Biblia también dice que la sabiduría piadosa viene por medio del Espíritu Santo de Dios. «Porque a este es dada por el *Espíritu* palabra de *sabiduría*; a otro, palabra de *ciencia* según el mismo *Espíritu*; a otro, fe por el mismo Espíritu; y a otro, dones de sanidades por el mismo Espíritu. A otro, el hacer milagros» (1 Corintios 12:8-10, énfasis añadido).

Al hablar de la venida del Señor Jesús muchos años antes de que ocurriera, el profeta Isaías dijo: «Y reposará sobre él el Espíritu de Jehová; espíritu de *sabiduría* y de *inteligencia*, espíritu de consejo y de poder, espíritu de conocimiento y de temor de Jehová» (Isaías 11:2, énfasis añadido).

La Biblia dice que Josué «fue *lleno del espíritu de sabiduría*, porque Moisés había puesto sus manos sobre él» (Deuteronomio 34:9, énfasis añadido). Podemos poner nuestras manos sobre nuestros hijos adultos y orar por ellos para que también sean llenos del Espíritu de sabiduría.

La esencia de los pasajes bíblicos anteriores es que Dios está listo para derramar el Espíritu de sabiduría sobre cualquiera que desee tenerlo. Los que no lo tengan, experimentarán calamidad y destrucción. Los que quieran tenerlo lo tendrán y, como resultado, morarán con seguridad y libertad del temor. El Espíritu de sabiduría derramado en tus hijos adultos hará que sus vidas marchen mucho mejor. La simple educación y el conocimiento del mundo no son suficientes. La sabiduría que viene de Dios los ayudará a tomar la información que tienen para que la usen y lleve fruto en sus vidas. Los protegerá. Ora por un derramamiento del Espíritu de sabiduría en tus hijos adultos de modo que sepan cómo pensar, actuar y vivir.

Ora para que tu hijo adulto tenga discernimiento de Dios

Cuando tus hijos adultos tienen discernimiento, podrán entender lo que casi siempre les resultaría confuso. Tendrán comprensión de las situaciones y les permitirá ver lo que no puede ver la mayoría de la gente. Por ejemplo, podrán discernir el verdadero carácter de una persona, que puede evitarles tremendo dolor y problemas. ¿Cuánta gente se habría ahorrado cosas terribles si solo hubiera tenido discernimiento? ¿A cuántas jóvenes no las habrían asesinado ni violado si hubieran podido discernir el verdadero carácter de la persona que dejaron entrar a sus vidas y las maltrató?

—⁓—

Cinco razones por las que tus hijos adultos necesitan discernimiento de Dios

1. *Cuando tus hijos adultos tienen discernimiento, hacen siempre lo debido.* Sin eso pueden actuar con imprudencia. «La necedad es alegría al falto de entendimiento; mas el hombre entendido endereza sus pasos» (Proverbios 15:21). No queremos que nuestros hijos adultos hagan algo tonto. Queremos que tengan gran entendimiento para que anden por el buen camino y hagan lo adecuado.

2. *Cuando tus hijos adultos tienen discernimiento, serán capaces de ver con claridad lo que es bueno y lo que es malo.* Cuando Dios se le apareció a Salomón en un sueño y le preguntó qué quería que le diera, Salomón respondió: «Da, pues, a tu siervo corazón entendido para juzgar a tu pueblo, y para discernir entre lo bueno y lo malo; porque ¿quién podrá gobernar este tu pueblo tan grande?» (1 Reyes 3:9). La respuesta de Salomón agradó a Dios porque no le pidió larga vida, ni riquezas, ni la vida de sus enemigos. En su lugar, quería la capacidad de ver con claridad lo que era bueno y los que eran buenos o malos. Dios respondió su petición y le dio un corazón sabio y entendido.

3. *Cuando tus hijos adultos tienen discernimiento, pueden ver lo que es santo y limpio y lo que no lo es.* «Y enseñarán a mi pueblo a hacer *diferencia entre lo santo y lo profano*, y les enseñarán a discernir entre

lo limpio y lo no limpio» (Ezequiel 44:23, énfasis añadido). En estos días de engaño descontrolado del enemigo, todos necesitamos este don de Dios para distinguir entre lo santo, limpio y bueno y lo que es impío, inmundo y malo. Nosotros y nuestros hijos adultos no siempre podemos ver la verdad sin este don.

4. *Cuando tus hijos adultos tienen discernimiento, pueden ver lo que es bueno y lo que es malo.* Pablo oró por los filipenses para que pudieran discernir lo que es mejor y vivieran como era debido. «Y esto pido en oración, que vuestro amor abunde aun más y más en ciencia y en *todo conocimiento*, para que aprobéis lo mejor, a fin de que seáis sinceros e irreprensibles para el día de Cristo, llenos de frutos de justicia que son por medio de Jesucristo, para gloria y alabanza de Dios» (Filipenses 1:9-11, énfasis añadido). Pablo quería que la gente fuera recta ante Dios. Y eso es lo que queremos para nosotros mismos y nuestros hijos adultos.

5. *Cuando tus hijos adultos tienen discernimiento, pueden entender las cosas de Dios.* Pablo dijo que Dios nos revela cosas por su Espíritu. «Y nosotros no hemos recibido el espíritu del mundo, sino el Espíritu que proviene de Dios, para que sepamos lo que Dios nos ha concedido» (1 Corintios 2:12). También dijo que «el hombre natural no percibe las cosas que son del Espíritu de Dios, porque para él son locura, y no las puede entender, porque se han de discernir espiritualmente» (1 Corintios 2:14). Muchas cosas solo pueden discernirlas de manera

espiritual personas que tienen al Espíritu Santo que mora en ellas y, por lo tanto, a las que guía Él.

La buena noticia es que el discernimiento es algo que podemos pedirle a Dios en oración. «Si clamares a la inteligencia, y a la prudencia dieres tu voz; si como a la plata la buscares, y la escudriñares como a tesoros, entonces entenderás el temor de Jehová, y hallarás el conocimiento de Dios» (Proverbios 2:3-5). Si oramos de manera ferviente a Dios por discernimiento y entendimiento, Él nos lo dará, junto con una profunda *reverencia* y *conocimiento de* Él. Tenemos que orar así también por nuestros hijos adultos.

Ora para que tu hijo adulto tenga revelación de Dios

Tener revelación significa que Dios te ha dado el conocimiento que no tendrías de otra manera. Él revela lo que ya es cierto, pero que antes ha estado oculto para tu mente y corazón. En otras palabras, siempre fue cierto, pero ahora Dios te lo revela para que puedas verlo con claridad. Dios es el que hace la revelación y no es algo que *nosotros* hacemos para averiguarlo.

Dios nos revela cosas en su Palabra a medida que la leemos, la escuchamos o hablamos de ella. Podemos leer o escuchar un pasaje o versículo de las Escrituras una y otra vez y, de repente, un día tenemos una nueva revelación acerca de ella que nunca antes habíamos visto. Dios también se nos revela a medida que caminamos y nos comunicamos con Él en oración a fin de que podamos conocerlo mejor. Dios nos revela cosas cuando lo buscamos a Él y su conocimiento de alguna situación. «Señor, dame revelación acerca de mi futuro. ¿Debo trasladarme a esta ciudad o a otra? ¿Debo ir a esta iglesia o a aquella? ¿Debería estar con esta persona o con alguien más?». Si seguimos pidiéndole revelación, algún día la tendremos.

—⁓—

CUATRO RAZONES PARA PEDIRLE REVELACIÓN A DIOS

1. *La revelación de Dios a nuestros corazones nos da una visión para nuestras vidas.* Esto no quiere decir que conozcamos cada detalle, pero sí sabemos que tenemos un futuro y que es bueno. La Biblia dice: «Sin profecía el pueblo se desenfrena; mas el que guarda la ley es bienaventurado» (Proverbios 29:18). Una persona que no tiene revelación de Dios no puede ver el cuadro global y, por lo tanto, nada impide que haga lo que quiere. Estará desenfrenado porque no tiene nada que lo guíe, ni ninguna consideración por el futuro.

2. *La revelación de Dios significa que Él abre nuestros ojos y nos da comprensión e iluminación de nuestro propósito y llamado.* Además, Él nos revela la grandeza de su poder. El apóstol Pablo, hablándoles a los efesios les dijo que oraba «para que el Dios de nuestro Señor Jesucristo, el Padre de gloria, os dé espíritu de sabiduría y de revelación en el conocimiento de él, alumbrando los ojos de vuestro entendimiento» para que pudieran saber «cuál es la esperanza a que él os ha llamado» y «cuál la supereminente grandeza de su poder para con nosotros los que creemos» (Efesios 1:17-19). ¿Quién de nosotros no necesita tal cosa? Por eso es que tenemos que orar para que nosotros y nuestros hijos adultos tengamos revelación.

3. *La revelación de Dios nos ayuda a tener una reacción adecuada, una reacción que no habríamos conocido sin la misma, que evitará que nos destruyamos a nosotros mismos.* «El hombre que se aparta del camino de la

sabiduría vendrá a parar en la compañía de los muertos»
(Proverbios 21:16). Sin la revelación podemos tomar
decisiones desastrosas. Sin revelación nuestros hijos
no solo no pueden tomar buenas decisiones, muchas
veces no pueden tomar decisiones en lo absoluto. En
la actualidad, es muy frecuente en nuestra sociedad la
incapacidad de los jóvenes de tomar decisiones... ¡de
cualquier índole! A menudo, tienen problemas para
decidir dónde trabajar, qué hacer, con quién casarse,
a dónde ir y otras cosas importantes para seguir
adelante con sus vidas. Solo una palabra de Dios a
sus corazones puede hacerlos moverse con alguna
clase de certeza. La revelación lo cambia todo. Sin
la revelación de Dios no saben qué hacer y pueden
permanecer estancados en algún lugar.

4. *La revelación de Dios significa que Él nos revela quién
   es.* Cuando Jesús les preguntó a sus discípulos: «Y
   vosotros, ¿quién decís que soy yo?», Pedro respondió:
   «Tú eres el Cristo, el Hijo del Dios viviente». A lo cual
   Jesús contestó diciendo que Pedro era bienaventurado
   porque «no te lo reveló carne ni sangre, sino mi Padre
   que está en los cielos» (Mateo 16:15-17). Pedro sabía
   quién era Jesús porque Dios le había dado *revelación*
   en cuanto a eso. Dios también *nos* dará revelación de
   sí mismo cuando se la pidamos. Podemos orar por
   nuestros hijos adultos para que también tengan la
   revelación de Dios en cuanto a quién es Él.

Jesús les dijo a sus discípulos que «nadie conoce quién es el
Hijo sino el Padre; ni quién es el Padre, sino el Hijo, y aquel
a quien el Hijo lo quiera revelar» (Lucas 10:22). Cualquier
revelación que obtengamos acerca de quién es Dios llega porque
Jesús quiere revelarlo.

Mucha gente no cree en Dios porque nunca ha tenido revelación de quién es Él. Cuando yo recibí al Señor, di un paso de fe y acepté que Él era real y que lo que la Biblia decía era cierto. Sin embargo, después de eso, Dios se me revelaba mientras leía su Palabra, mientras me la enseñaban, mientras pasaba tiempo alabándolo y adorándolo, y mientras oraba. Le pedí a Dios revelación de mi vida y de Él, y me la dio. Poco a poco y paso a paso esa revelación de quién es Dios me dio una visión para mi vida y una razón de ser.

Ora por el corazón de cada uno de tus hijos adultos a fin de que deseen sabiduría, discernimiento y revelación de Dios. Estas cosas cambian la vida y los beneficiarán en gran medida cada día de sus vidas.

—⁂—

~❧ EL PODER DE LA ORACIÓN ❧~

Señor, te ruego que (nombre de tu hijo adulto) tenga la sabiduría que viene por medio de tu Espíritu Santo (1 Corintios 12:8). Ayúdalo a ser fuerte y que se niegue a caer en los caminos de los insensatos. Ayúdalo a tener sabiduría para nunca blasfemar en contra de tu nombre. Dale una convicción fuerte a su corazón cuando se vea tentado. A cambio, te pido que «broten de su garganta alabanzas a Dios, y haya en sus manos una espada de dos filos» (Salmo 149:6, NVI).

Señor, tú dices que si nos hace falta sabiduría, que te la pidamos y que tú nos la darás (Santiago 1:5). Vengo a ti y te pido que derrames tu Espíritu de sabiduría sobre mis hijos adultos. Dales sabiduría para que siempre hablen las palabras adecuadas con los demás, que busquen consejo piadoso y sabio, que sean humildes y no orgullosos y que no les atraiga la sabiduría del mundo.

Ayúdalo a que tenga la clase de sabiduría sana que trae discreción para que sea vida a su alma (Proverbios 3:21-22). Dale sabiduría que le ayude a tomar buenas decisiones y hacer buenas elecciones y que confíe en la gente adecuada. Dale la sabiduría que lo saque del peligro y lo proteja del mal. Dale una profunda percepción de la verdad y la capacidad de tomar información y hacer juicios acertados en cuanto a ella.

Sé que tu Palabra es la espada de dos filos que quieres que tenga en su mano, por lo que te pido que pongas un amor por las Escrituras en su corazón y un deseo de leer la Biblia todos los días. Graba tus palabras en su mente y corazón para que lleguen a serle vida. Permítele retener tus palabras y guardar tus mandamientos para que pueda vivir (Proverbios 4:4).

Señor, tú dices en tu Palabra que «oirá el sabio, y aumentará el saber, y el entendido adquirirá consejo» (Proverbios 1:5). Te pido que mi hijo adulto llegue a estar lleno de tu sabiduría y que pueda escuchar la verdad y conocerla. Ayúdalo a entender el temor del Señor y que tenga un corazón reverente por ti. Te pido que «clame a la inteligencia» y que eleve su voz por entendimiento para que pueda «entender el temor de Jehová y hallar el conocimiento de Dios» (Proverbios 2:3, 5). Dale sabiduría en todas las cosas de modo que lo forme tu mano y no el mundo.

Te ruego que le des a mi hijo adulto la capacidad de discernir entre el bien y el mal, así como le diste esa capacidad a Salomón. Ayúdalo a discernir entre lo santo y lo perverso, lo limpio y lo inmundo, lo adecuado y lo inadecuado. Dale entendimiento de la gente y las situaciones, y permítele ver lo que de otra manera no podría ver. Ayúdalo a discernir el verdadero carácter de cada persona. Ayúdalo a ver las cosas que solo pueden discernirse de manera espiritual (1 Corintios 2:14).

Señor, te ruego que les des a mis hijos adultos revelación para sus vidas. Ayúdalos a que esa revelación los guíe en todo lo que hagan. No permitas que la indecisión los paralice debido a que no tengan una palabra tuya en sus corazones. Dales revelación que llene sus mentes y corazones con una visión para sus vidas y que abran sus ojos a lo que son tu propósito y tu llamado para ellos. Dales la clase de revelación que les permita tomar buenas decisiones que no habrían tomado sin ella. Sobre todo, te pido que te les reveles de una manera en que sepan que es una revelación tuya.

Te lo pido en el nombre de Jesús.

—⁓—

~⌒ El poder de la Palabra ⌒~

El principio de la sabiduría es el temor de Jehová; los
insensatos desprecian la sabiduría y la enseñanza.
PROVERBIOS 1:7

La ley del sabio es manantial de vida para apartarse
de los lazos de la muerte.
PROVERBIOS 13:14

La insensatez del hombre tuerce su camino, y luego
contra Jehová se irrita su corazón.
PROVERBIOS 19:3

El hombre que ama la sabiduría alegra a su padre.
PROVERBIOS 29:3

El hijo sabio recibe el consejo del padre; mas el
burlador no escucha las represiones.
PROVERBIOS 13:1

4

Ora para que tus hijos adultos

ENCUENTREN LIBERTAD, RESTAURACIÓN Y PLENITUD

—⁓—

Dios quiere que todos vivamos en la libertad, la restauración y la integridad que Él tiene para nosotros. No importa qué tan bien o mal nos criaran, ni qué tan perfectas o imperfectas fueran nuestras experiencias en apariencia, todos tenemos cosas de las que tenemos que liberarnos. Nuestros hijos adultos no son distintos. Aunque se criaran en el mejor de los hogares, por los mejores padres, aún necesitarían tener la libertad en Cristo y llegar a ser más semejantes al Señor.

Cada uno de nuestros hijos adultos es susceptible, como cualquiera, a tener pensamientos equivocados, emociones negativas, acciones y actitudes pecaminosas, o cosas del pasado que los afecta de forma negativa ahora y necesitan emancipación y libertad de las restricciones de todo eso. Es posible que experimenten opresión del enemigo de su alma que trata de asaltarlos y destruirlos, por lo que tienen que tener la liberación y la restauración que solo puede dar Dios. Sin importar lo que suceda en sus vidas, tienen que transformarse a la imagen de Cristo. Sin eso, no lograrán encontrar la integridad que Dios les tiene reservada. La buena noticia es que Dios es mayor que cualquier cosa que tenga sujetos a nuestros hijos adultos, y entre sus planes para cada uno de ellos está liberarlos de cualquier cosa que los separe de todo lo que Él tiene para sus vidas.

Uno de mis versículos favoritos de la Biblia dice: «Porque el Señor es el Espíritu; y *donde está el Espíritu del Señor, allí hay libertad*» (2 Corintios 3:17, énfasis añadido). Estos son pasajes profundos en especial y que cambian vidas, y son muy bellamente sencillos. Está diciendo que el Espíritu de Dios *es* el Espíritu de libertad. Y cuando estamos en la presencia del Espíritu Santo de Dios, nos liberamos de las cosas que nos atan, nos ciegan, nos detienen y evitan que lleguemos a ser todo para lo que nos crearon.

La clave aquí es la presencia del Señor.

No quiero decir que la presencia del Señor carezca de complejidad, ¿porque quién puede comprender por completo todo lo que Él trae a nuestras vidas? Sin embargo, cuando tenemos la pregunta de cómo podemos encontrar emancipación y libertad, la respuesta no es compleja. Solo tenemos que estar en su presencia. La libertad genuina no ocurre fuera del Señor.

La transformación se encuentra en la presencia de Dios.

Cuando estamos en comunión con el Espíritu de Dios, encontramos libertad. Por eso es que debemos estar en su presencia tanto como nos sea posible. Y tenemos que orar por nuestros hijos adultos a fin de que tengan un entendimiento, y deseo, de la presencia del Espíritu Santo de modo que logren encontrar toda la *emancipación* y *libertad*, *liberación* y *restauración*, *transformación* y *plenitud* que Dios tiene para ellos.

Emancipación y libertad

En el capítulo 1 de este libro, la primera oración que hicimos era para que Dios derramara su Espíritu en nuestros hijos adultos. Cuando el Espíritu Santo se derrama en ellos, Él da muchos maravillosos y vitales dones a sus vidas. Uno de esos aspectos gloriosos del Espíritu Santo que Dios da con Él es el Espíritu de libertad.

Quizá pienses: *Si ya hemos orado para que el Espíritu Santo se derrame en nuestros hijos adultos, ¿por qué tenemos que orar otra vez para que el Espíritu de libertad los libere?*

La respuesta a eso es que tenemos que orar de manera específica cuando hay una necesidad específica. No solo oramos para que nuestros hijos adultos estén dispuestos a todo lo que el Espíritu Santo quiera hacer *en ellos*, también oramos para que el Espíritu Santo los libere de algo en particular. La parte desafiante es que el Espíritu Santo no hará lo que alguien se resista a que haga. Él derramará su Espíritu en nuestras vidas, pero no forzará su liberación en nosotros. No nos liberará si no queremos ser libres.

Por eso es que orar por nuestros hijos adultos es tan importante. No podemos obligarlos a que quieran ser libres. Además, seamos realistas, puede haber cosas de las que, como padres, queremos que nuestros hijos se liberen, pero ellos no lo ven de la misma manera. Les gusta su mal hábito, la mala influencia o la mala elección. Nuestras oraciones por nuestros hijos adultos pueden ayudarlos a reconocer que *sí* necesitan ser libres y de qué necesitan liberarse, y nuestras oraciones pueden abrir sus corazones a querer esa libertad.

Cuando en realidad entiendan que el Espíritu Santo es el Espíritu de libertad, buscarán la presencia de Dios y el flujo de su Espíritu en su vida. Cuando vean que por el poder de su presencia se rompen las ataduras del infierno, lucharán por sacar de sus vidas cualquier cosa que impida que su poder fluya a través de ellos.

Jesús fue a la sinagoga y leyó del libro de Isaías diciendo: «El Espíritu del Señor está sobre mí, por cuanto me ha ungido para [...] *pregonar libertad a los cautivos*» (Lucas 4:18, énfasis añadido). Dijo otras cosas importantes de ese pasaje también, pero para el propósito de este capítulo, concentrémonos en esas cinco palabras que puse en letra bastardilla: *«Pregonar libertad a los cautivos»*. Cuando Jesús terminó de leer este pasaje dijo: «Hoy se ha cumplido esta Escritura delante de vosotros» (versículo 21).

Esto significa que *Jesús* es el cumplimiento de esa Escritura. Dios ungió a *Jesús* para que proclame libertad a los cautivos.

La clase de emancipación y libertad de la que Jesús habla aquí significa que hay una liberación de cualquier cosa en nosotros, aparte del poder de Dios. Ya no tenemos obstáculos ni estamos restringidos de lo que Dios quiere que hagamos en nuestras vidas. Cuando recibimos al Señor, de inmediato se nos libera de la esclavitud del pecado. A cambio, nos convertimos en siervos de la justicia (Romanos 6:18). Y se nos puede liberar de cualquier cosa que trate de impedir que eso suceda.

Es posible que tu hijo adulto conozca al Señor y sus leyes y aun así, de alguna manera, sea cautivo de alguien o alguna influencia. Si eres consciente de algo específico de lo que tu hijo adulto necesita liberarse, alguna tendencia o actitud equivocada, ora por él para que encuentre la libertad que Dios le tiene reservada. Si no estás seguro de lo que necesita liberarse, pídele a Dios que revele lo que haya que ver de modo que puedas orar como es debido.

Muchas veces, los padres son los últimos en enterarse de las cosas que sus hijos adultos necesitan liberarse, pues de los que más tratan de esconder estas cosas los hijos adultos son de sus padres. Nunca podemos dar por sentado que sabemos todo lo que hay que saber de nuestros hijos adultos. Solo Dios lo sabe. Sin embargo, nos dará revelación cuando se la pidamos. Y nos mostrará cómo orar.

Una de las cosas más grandiosas que podemos hacer por nuestros hijos adultos es liberarnos. Es una parte de esa herencia espiritual que les dejamos. He vivido lo suficiente para ver crecer a los hijos de los justos y los hijos de los perversos, desde la infancia hasta que llegan a la edad adulta. He visto bendiciones distinguibles en los hijos de creyentes que vivían en los caminos de Dios que no he visto en los hijos de no creyentes. Hay algo de carácter, profundidad, protección, riqueza de alma, logro y un significado de la vida que se desarrolla que ocurre en los hijos de los justos. Observa que no dije los hijos del perfecto. Ni los hijos de padres que nunca cometieron errores. Ni los hijos de padres que tenían ya todo resuelto desde el principio. Dije los hijos del justo. Tu justicia llega porque Jesús está en ti. «Jesús en ti» puede comenzar cuando se le invita a tu corazón, cuando vuelves a Él después que te hayas apartado.

Las bendiciones de una vida justa, una vida en los caminos de Dios, pueden fluir en tus hijos adultos ahora. Y aun más cuando te liberas de cualquier cosa que evite el flujo del Espíritu Santo en *ti*. Sea lo que sea de lo que puedas liberarte, afectará la vida de tus hijos. Aunque no se liberen al mismo tiempo que tú, tu libertad hará que les sea más fácil encontrar libertad, porque ven que puede realizarse y eso les da fe para creer que es posible. Además, cuando te liberas de alguna cosa, algo se rompe en el reino espiritual y eso puede trasladarse y manifestarse en el reino físico. Por ejemplo, un padre que se libera del alcoholismo por el poder del Espíritu Santo tendrá un gran impacto en la habilidad de un hijo adulto que lucha por liberarse de lo mismo.

El primero de los Diez Mandamientos dice: «No tendrás dioses ajenos delante de mí». El segundo mandamiento dice: «No te harás imagen, en ninguna semejanza [...] No te inclinarás a ellas, ni las honrarás; porque yo soy Jehová tu Dios, fuerte, celoso, *que visito la maldad de los padres sobre los hijos hasta la tercera y cuarta generación de los que me aborrecen, y hago misericordia a millares, a los que me aman y guardan mis mandamientos*» (Éxodo 20:3-6, énfasis añadido).

Quizá pienses como yo cuando leí por primera vez ese mandamiento: *Esto no es para mí. Nunca he hecho un becerro de oro y no me inclino a ninguna imagen hecha por el hombre.* Aun así, la verdad es que hay muchas maneras en las que podemos tener una imagen en nuestra mente de lo que queremos y a lo que nos inclinamos en nuestros corazones. Hacemos ideas de oro de lo que pensamos que necesitamos tener, o deberíamos ser, o de lo que queremos lograr, o lo que nuestros hijos necesitan tener, ser o lograr, y elevamos esas imágenes en lo alto de nuestros corazones todos los días, incluso por encima de la voluntad de Dios. Cuando lo que *queremos* llega a ser más importante que lo que quiere *Dios*, es un ídolo en nuestros corazones. Cualquiera de nosotros puede caer con facilidad en esa clase de pecado secreto.

Dios dice en este segundo mandamiento que las consecuencias de los pecados de los padres visitarán a los hijos, nietos y bisnietos de los que no aman al Señor ni viven según sus caminos. Claro, todo lo que se necesita es alguno de una de esas generaciones que diga: «Yo y mi casa serviremos al Señor, por lo que oro en el nombre de Jesús que este pecado y sus consecuencias se detengan aquí y ahora», y esa maldición generacional se romperá.

Pídele a Dios que te muestre cualquier lugar de tu vida donde siempre estás pagando las consecuencias por algo que tiene que romperse. Pídele que abra tus ojos a lo que sea que estás viviendo y que no deberías hacerlo. Pídele que, de alguna manera, te convenza de lo que no estás haciendo en obediencia a su voluntad y sus leyes. Pídele que te revele cualquier cosa que estés adorando en lugar de Él. Cuando nos limpiamos de los vestigios de todo el pecado, no pasamos ninguna inclinación de esto a nuestros hijos.

Te pregunto, a la luz de los pasajes bíblicos anteriores en cuanto a que Dios visita las *iniquidades* de los padres en su descendencia, ¿no es inofensivo creer que Él también visitará las *bendiciones* que vienen como resultado de la *justicia* de un padre en su descendencia? En otras palabras, si transmitimos las consecuencias por las cosas que hacemos mal, ¿no es razonable pensar que transmitiremos las recompensas por las cosas que hacemos bien? Eso es lo que significan las palabras en la última parte de este segundo mandamiento donde Dios dice que hace *«misericordia a millares, a los que me aman y guardan mis mandamientos»*.

La buena noticia es que nunca es demasiado tarde para comenzar a amar a Dios y a vivir en sus caminos a fin de que puedas cosechar los beneficios de su misericordia. No importa lo que haya sucedido, ni lo que *está* sucediendo en la vida de tu hijo adulto, no es demasiado tarde para que la liberación, la sanidad y la redención de Dios cambien las cosas de una manera milagrosa. Y puede comenzar contigo.

No quieres transmitir a tus hijos adultos recuerdos de una espiritualidad sin amor, sin vida, sin poder y sin pasión. Quieres presentarles una relación con el Señor amorosa, dinámica, poderosa, apasionada, emocionante, llena de esperanza, convincente y viva. Quieres que tus hijos adultos conozcan al Señor como el Dios Todopoderoso para quien nada es imposible. Vale la pena orar para que Dios te revele, así como a tus hijos adultos, cualquier cosa de la que tengas que liberarte y, luego, pídele al Espíritu Santo que te llene con *toda* su presencia liberadora.

Liberación y restauración

El conocimiento de la verdad puede liberarnos. Jesús dijo: «Si vosotros permaneciereis en mi palabra, seréis verdaderamente mis discípulos; *y conoceréis la verdad, y la verdad os hará libres*» (Juan 8:31-32, énfasis añadido). Aquí se refería a la verdad de *Dios*. Podemos liberarnos de algo cada vez que leemos la Biblia y el Espíritu Santo hace que cobre vida en nuestros corazones. Ora para que tus hijos adultos conozcan la verdad que los libera.

Sin embargo, a veces estamos atados a algo y necesitamos que el Liberador, Jesús, nos libere de su agarre. La liberación significa que nos soltamos de algo, fuera de Dios, que nos tiene cautivos. Significa que nos rescatan de alguien o algo que nos separa del Señor. Jesús nos liberó del pecado, la muerte y el infierno, así que cuando lo recibimos a Él, recibimos esa liberación. No obstante, a través de nuestros pensamientos pecaminosos y descuidos podemos introducirnos a la esclavitud del pecado otra vez y necesitamos liberarnos de él.

Una de las cosas que Jesús también dijo cuando habló de cómo el Espíritu del Señor estaba sobre Él fue que Dios lo ungió para *«poner en libertad a los oprimidos»* (Lucas 4:18, énfasis añadido). Al parecer, una cosa es estar *cautivo* y otra es ser *oprimido*. Él *proclamó* libertad a los cautivos, pero *puso en libertad* a los que estaban oprimidos. A veces solo nos liberamos porque Él lo dijo; otras veces damos lugar al pecado en nuestras vidas y el enemigo llega a oprimirnos, por lo que necesitamos la liberación del Liberador.

Jesús continuó diciendo que «todo aquel que hace pecado, esclavo es del pecado», pero «si el Hijo os libertare, seréis verdaderamente libres» (Juan 8:34-36). Santiago, el hermano de Jesús, dijo: «No tenéis lo que deseáis, porque no pedís» (Santiago 4:2). Tenemos que pedir liberación para nosotros y para nuestros hijos adultos, a fin de que Jesús nos pueda liberar por completo.

Cuando le pedimos liberación a Dios, no solo *nos* liberará, sino que también liberará a nuestros hijos adultos de cualquier cosa que los ate o les impida llegar a ser todo lo que Dios quiere que sean. Sin embargo, tienen que querer liberarse. Tienen que querer deshacerse de todo el pecado. Si tienes un hijo adulto que no quiere liberarse de algo que tú quisieras que se liberara, ora para que sus ojos se abran y vea la necesidad de liberación de lo que lo tiene atado. Ora para que quiera libertad *de* eso más que esclavitud *a* eso.

A veces necesitamos liberación, aun cuando no hayamos hecho nada malo. Después que crucificaran a Jesús y resucitara de los muertos, el rey Herodes persiguió a los creyentes, la iglesia. Mató a Jacobo, el primero de los doce apóstoles martirizados. Luego, arrestó a Pedro con la intención de matarlo también, en cuanto terminara la Pascua. En la cárcel, Pedro estaba encadenado entre dos solados y lo rodeaban dieciséis soldados en total. Sin embargo, los creyentes de entonces estuvieron en constante oración por Pedro. Mientras dormía, un ángel del Señor se paró a su lado y una luz resplandeció en la cárcel. El ángel le dijo a Pedro que se levantara, y cuando lo hizo, las cadenas cayeron de sus manos. El ángel entonces le dio instrucciones de que se pusiera su ropa y sus sandalias y que lo siguiera (Hechos 12:1-8).

Cuando Pedro y el ángel pasaron por donde estaban los guardias, nadie los vio. Y cuando llegaron a la gran puerta de hierro que los mantenía encerrados adentro, se abrió sola (versículo 10). En cuanto Pedro estuvo libre, el ángel desapareció y Pedro se dio cuenta de que Dios *lo* había *liberado* por completo de las manos del enemigo.

Herodes simboliza a Satanás con su ataque interminable a los creyentes. Pedro es el creyente que encadenaron, a pesar de que no había hecho nada malo. El plan de Satanás era destruir a Pedro, por lo que Pedro necesitaba una liberación milagrosa. Y Dios lo liberó de una situación imposible en respuesta a la ferviente oración de otros. Cuando estuvo libre, Pedro fue a donde la gente todavía oraba y les contó cómo Dios lo libró de las manos del enemigo. Las oraciones incesantes de los creyentes consiguieron la liberación y libertad de Pedro.

Voy a una iglesia que es muy evangelística. Plantamos iglesias en los Estados Unidos y en todo el mundo, sobre todo en lugares donde es muy peligroso ser cristiano. No puedo mencionar los nombres de la gente, ni de los países de los que hablo, por el peligro que representaría para los pastores y sus familias. Un pastor en particular, a quien llamaré William, comenzó una iglesia cristiana en uno de los países más peligrosos para un cristiano. Esa iglesia creció y prosperaba en secreto, pero a William lo arrestaron al final por hablar con alguien acerca de Jesús. El castigo por algo así en ese país es la muerte. Tuvo un juicio sin representación legal y sin jurado, solo un juez que decidiría su destino. Claro que lo declararon culpable y lo sentenciaron a muerte.

Nuestra iglesia oró de manera ferviente por William y su familia, y lo mismo hicieron nuestras iglesias hermanas alrededor del mundo. Oramos en grupos, en reuniones especiales de oración y también solos, en nuestros lugares privados de oración. Cuando nos enteramos de que William estaba sentenciado a morir, seguimos orando con pasión por su liberación y, mientras tanto, nos preparábamos para lo peor. Sin embargo, un día nos llegó la noticia de que la decisión del juez que escuchó el caso de William y que pronunció la sentencia de muerte, de repente la sustituyó una decisión de otro juez. Este segundo juez, por razones que desconocemos, revirtió el dictamen del juez anterior y dejó libre a William. Todos estábamos asombrados por lo que hizo Dios. La situación era *absolutamente imposible*, pero el Dios de lo imposible hizo un *milagro absoluto*.

Si Dios puede hacer las clases de milagros que hizo por Pedro y William como respuesta a las oraciones de los creyentes, ¿qué tan difícil le sería liberar a tu hijo adulto de cualquier encarcelamiento o sentencia que se pronunciara en su vida? Te digo que nada es imposible para Dios cuando se trata de tus hijos adultos.

Si el enemigo encarceló a tu hijo adulto, o el enemigo trata de entremeterse en su vida, necesitas refuerzos de oración. No vaciles en pedirles a otros que oren contigo. La oración constante, incesante e imparable es la clave para la liberación y el rescate de tus hijos adultos. Dios puede darle vuelta a una batalla hacia cualquier lado que quiera, como respuesta a la oración, sobre todo cuando dos o más oran juntos.

Nadie podía haber estado con más desesperación en la cárcel, ni más cerca de la ejecución sin posibilidades de un indulto, que Pedro o William. Aun así, el poder del Espíritu Santo los liberó a los dos en respuesta a la oración incesante de los creyentes. Al mismo tiempo que la gente oraba por Pedro, Dios resplandeció su luz en la prisión para que pudiera ver. Pídele a Dios que haga brillar una luz en cualquier prisión donde estén atrapados tus hijos adultos, de modo que logren ver con claridad y seguir al Espíritu Santo hacia la libertad.

Junto con el rescate, Dios dará restauración *a todo lo que se perdió en nuestras vidas porque estábamos atados a algo.* Eso significa que Él restaurará los años en los que comieron las langostas. Y esto es una buena noticia para cualquier persona cuya vida de alguna manera la ha devorado el enemigo. Cualquier cosa que vieras que se ha consumido en tu vida o en las vidas de tus hijos adultos (años perdidos, oportunidades perdidas, relaciones perdidas, riqueza perdida, habilidades perdidas, libertad perdida), puedes pedirle a Dios que dé restauración y Él lo hará.

Restauración no significa que si tu hijo adulto ha tenido diez años de problemas desde que tenía veinte años, ahora Dios de repente lo volverá a hacer de veinte años. No obstante, sí significa que el Dios que lo liberó de los problemas le dará un futuro con nuevas oportunidades, salud, relaciones, habilidades y libertad en Cristo.

La Biblia dice que «la descendencia de los justos será librada» (Proverbios 11:21). Eso significa que nuestros hijos adultos serán puestos en libertad. Con todo, tienen que buscar al Señor. «Vuélvenos, oh Jehová, a ti , y nos volveremos; renueva nuestros días como al principio» (Lamentaciones 5:21). Ora para que tus hijos adultos siempre se vuelvan al Señor a fin de que puedan encontrar restauración. La confianza que tenemos al acercarnos a Dios es «que si pedimos alguna cosa conforme a su voluntad, él nos oye. Y si sabemos que él nos oye en cualquier cosa que pidamos, sabemos que tenemos las peticiones que le hayamos hecho» (1 Juan 5:14-15). La clave es pedir según su voluntad. Necesitamos revelación de Dios y su Palabra para conocer su voluntad al orar. Podemos pedir eso también.

Transformación y plenitud

La vida no funciona cuando algo está destrozado. Por eso es que Dios toma a la gente destrozada (corazones, mentes y espíritus destrozados) y les da plenitud. Toma las piezas rotas de nuestras vidas y no solo las une, sino que hace algo bello y bueno de esas piezas. Para que ocurra esa clase de plenitud, tenemos que liberarnos de cualquier cosa que limite la transformación que Dios quiere hacer en nuestras vidas.

La plenitud para nuestros hijos adultos significa, entre otras cosas, tener una percepción saludable de quiénes son en el Señor, quiénes quiso Dios que fueran y cuáles son los dones que Dios les puso dentro. Implica liberarse de cualquier cosa que impida esa revelación. Significa separarse de cualquier cosa que los aparte de Dios. Significa pasar tiempo en la presencia de Dios donde se encuentra la plenitud.

Incluso cuando se ha crecido en los mejores hogares cristianos, es difícil que los hijos pasen su niñez y adolescencia sin ninguna clase de quebrantamiento. Algo que dijera o hiciera alguien, o que no dijo o hizo, o algo que vieron o experimentaron, puede atribular sus mentes jóvenes y destrozar sus corazones. Las relaciones rotas sin sanar y sin restauración pueden afectar todas sus relaciones, en especial en su relación con Dios. Si cualquiera de tus hijos adultos ha tenido alguna vez en su vida cosas que destrozan el corazón, puedes orar para que sean liberados de todos los malos recuerdos.

He conocido a muchos hijos adultos que eran personas destrozadas y sus vidas estaban destruidas, pero con las oraciones de sus padres se liberaron y sus vidas volvieron a integrarse. Dios actuó con poder en respuesta a la oración. Esto no quiere decir que una persona que no tiene un padre que ora por ella no puede liberarse. Si eso fuera cierto, yo no estaría aquí hoy. Crecí en una casa con una madre con una enfermedad mental grave y que era abusadora de manera física y verbal. Lo intenté todo para liberarme del dolor de mi niñez, pero solo me llevó a una profunda depresión, ira, temor y desesperanza. Cada día podía sentir que mi vida se hundía en un agujero insondable y oscuro del que temía que tal vez nunca saldría. Fueron las oraciones de otros los que salvaron mi vida y me llevaron al Señor. Y a través de las oraciones de otros, Él me sacó de ese foso; me liberó de la depresión, el temor y la ansiedad; transformó mi vida por completo; y me dio plenitud. Perdí demasiados años viviendo de la manera indebida, pero Dios ha restaurado esos años más allá de lo que soñé que podría ser posible. Si Él puede hacer eso por mí, imagina cuánto más puede hacer por alguien que tiene el respaldo de las oraciones fervientes de un padre.

Todo paso que damos hacia la renovación de nuestras mentes y almas en el Señor nos transforma cada vez más hacia la imagen de Cristo. Hay que reconocer que todos tenemos un largo camino por delante, pero cada momento de transformación nos acerca más a la plenitud que Dios tiene para nosotros.

¿Ves lo que significa todo esto para ti y tus hijos adultos? Significa que no importa de qué necesiten que se les libere, tus oraciones pueden ser útiles para que eso suceda. Claro, hay cosas que tus hijos adultos tienen que hacer por su cuenta. Así como Pedro tuvo que vestirse antes de que lo sacaran de la prisión, tus hijos adultos tendrán que vestirse también. Ora para que se pongan las prendas de justicia, alabanza, humildad y fe. Y ten la seguridad que Dios honrará *tu* justicia, alabanza, humildad y fe en oración hasta que *la de ellos* entre en acción.

—⁕—

⟶ EL PODER DE LA ORACIÓN ⟵

SEÑOR, TE RUEGO QUE mis hijos adultos encuentren toda la libertad y la liberación que les tienes reservadas. Que se liberen de cualquier cosa que los separe de ti. Te pido por un derramamiento de tu Espíritu Santo de libertad en ellos, para que un gran cambio radical se lleve a cabo en cualquier esfera de sus vidas donde sea necesario. Ya sea que sus propios pecados los encarcelaran, o que las mentiras y los planes del enemigo los tengan cautivos, te pido que los liberes. Si necesitan liberación de una tendencia equivocada o de una creencia impía, ayúdalos a desplazarse hacia la libertad en Cristo.

No conozco todas las maneras en que mis hijos adultos necesitan liberarse, pero tú sí, Señor. Derrama tu luz en lo que necesite iluminación. Revela lo que los refrena. Muéstrame cómo orar para que puedan liberarse de cualquier cosa que les impide alcanzar todo lo que tienes para ellos.

Señor, tú eres mayor que cualquier cosa que tenga sujetos a mis hijos adultos, y tus planes para sus vidas son de una libertad total. Espíritu Santo, ayúdalos a entender que donde tú estás, hay libertad (2 Corintios 3:17). Ayúdalos a encontrar la transformación que solo puede encontrarse en tu presencia.

Enséñale a mi hijo a buscar tu presencia en la *Palabra*, en *oración* y en *alabanza* y *adoración*. Ayúdalo a conocer la verdad en tu Palabra que lo libera. Ayúdalo a ver la verdad de cualquier pecado en su vida. Donde el enemigo lo esté oprimiendo, quita la ceguera de sus ojos para que pueda reconocer la verdad de eso también. Si le han legado una sentencia cruel en su vida, da un indulto milagroso y dale la capacidad de reconocer que eres tú el que lo liberó.

Jesús, tu Palabra dice que viniste a «pregonar libertad a los cautivos» (Lucas 4:18). Te pido que si algo tiene cautivo a mi hijo adulto, libéralo. Si el enemigo lo está oprimiendo, te pido que lo liberes de ese tormento. Rompe cualquier fortaleza que el enemigo haya erigido en su contra.

Señor, sé que una de las cosas mayores que puedo hacer por mis hijos adultos es que yo mismo me libere. Muéstrame dónde me he permitido estar atado de alguna manera, ya sea por mis propios pensamientos y acciones o por el enemigo de mi alma. Muéstrame si estoy manteniendo cualquier cosa en mi mente, en mi corazón o en mi vida que no sea de ti, para que pueda liberarme de eso. Líbrame de cualquier cosa que impida el flujo de tu Espíritu en mí. Te pido que mi libertad sea evidente para mis hijos adultos y que les inspire un deseo de libertad. Ayúdame a tener la clase de relación dinámica, poderosa y llena de esperanza contigo, que los motive a una búsqueda similar. Permíteme que siempre viva en tus caminos para que tanto mis hijos adultos como yo cosechemos los beneficios de tu misericordia (Éxodo 20:6). Que las bendiciones de mi vida, vivida según tus leyes, fluyan hacia ellos.

Te pido que des plenitud a cualquier cosa que esté quebrantada en la vida de mis hijos adultos. Trae restauración de todo lo que se ha perdido. Restaura el tiempo perdido, las oportunidades perdidas, la salud perdida, las relaciones perdidas, lo que sea que se les ha quitado. Si se ha perdido tiempo valioso, restaura los años que las langostas se han comido (Joel 2.25). Trae la transformación necesaria para que pueda recibir la plenitud que tienes para él.

Una vez que esté libre, ayúdalo a permanecer en libertad. No permitas que se vuelva a enredar. Le digo a mi hijo, por el poder de tu Espíritu: «Estad, pues, firmes en la libertad con que Cristo nos hizo libres, y no estéis otra vez sujetos al yugo de esclavitud» (Gálatas 5:1). Y te digo, Señor: «Exaltado seas sobre los cielos, oh Dios, y sobre toda la tierra sea enaltecida tu gloria. Para que sean librados tus amados» (Salmo 108:5-6).

Te lo pido en el nombre de Jesús.

⤚∽ El poder de la Palabra ∽⤜

Por cuanto en mí ha puesto su amor, yo también lo
libraré; le pondré en alto, por cuanto ha conocido mi nombre.
Me invocará, y yo le responderé; con él estaré yo en la
angustia; lo libraré y le glorificaré. Lo saciaré de larga vida,
y le mostraré mi salvación.
Salmo 91:14-16

Jehová liberta a los cautivos.
Salmo 146:7

El ángel de Jehová acampa alrededor de los que le temen,
y los defiende.
Salmo 34:7

El caballo se alista para el día de la batalla;
mas Jehová es el que da la victoria.
Proverbios 21:31

El que confía en su propio corazón es necio;
mas el que camina en sabiduría será librado.
Proverbios 28:26

5

Ora para que tus hijos adultos

ENTIENDAN EL PROPÓSITO DE
DIOS PARA SUS VIDAS

—⁓—

Una epidemia que veo que se esparce con rapidez ahora entre muchos hijos adultos es la confusión en cuanto a lo que es su propósito en la vida. Una de las cosas que contribuyen a esa confusión es que están recibiendo mucho más información del mundo que de Dios. Los caminos del mundo son a menudo confusos, mientras que los caminos de Dios son claros. Y cuando la vida se vive a *su* manera, hay mayor claridad.

Por ejemplo, con solo leer la Biblia desaparece la confusión. Sin embargo, muchos hijos adultos pasan demasiada parte de su tiempo libre mirando la televisión, viendo sus computadoras o en otra forma de entretenimiento, y muy poco tiempo, si es que pasan algo, leyendo la Biblia. Y cualquiera que reciba más información de los medios de comunicación que de Dios puede terminar vagando sin una razón de ser. Cuando se acalla la voz de Dios, no hay una guía genuina y es muy fácil que se dirijan en un rumbo equivocado.

Tener una razón de ser en la vida no necesariamente quiere decir que tus hijos adultos conozcan cada detalle de lo que deberían hacer y a dónde deberían ir, pero tendrán una idea en cuanto a algunos detalles. Es posible que no sepan *con exactitud* lo que quieren hacer en la vida, pero sabrán, por ejemplo, que quieren ir a la universidad o a una escuela técnica para llegar a estar instruidos y preparados en una profesión. Algunos hijos adultos sin razón de ser ni siquiera tienen una guía en sus corazones en cuanto a eso. Sin ninguna dirección de Dios, pueden llegar a estar sin metas, o podrían seguir algo que, a la larga, sería erróneo para ellos y terminarían perdiendo años preciosos de sus vidas antes de que se den cuenta. Sin una dirección de Dios en cuanto a qué hacer, pueden llegar a tener miedo de salir y hacer cualquier cosa en modo alguno, porque temen fracasar. Sin embargo, cuando tienen esa dirección de Dios, aunque puedan tener pensamientos de un posible fracaso, eso no evitará que sigan adelante con lo que Él los ha llamado a hacer.

Las experiencias de la secundaria y del instituto pueden hacer mucho daño a la razón de ser de un adolescente. Si se han burlado de ellos o los han humillado por cualquier razón, eso destruye su percepción de quiénes son. Si se sienten inaceptables en comparación a los demás, pueden tener un tiempo más difícil descubriendo y aprendiendo a evaluar sus talentos y dones únicos. Cuando cada día es una prueba de resistencia y apenas están tratando de sobrevivir, pueden fracasar en establecer una percepción en cuanto a su propósito.

Mi hija, Amanda, pasó mucho tiempo en la escuela recriminándose porque era disléxica. Digo *era* porque venció eso de manera tan milagrosa que uno nunca sabría que alguna vez luchó con eso. Aun así, hicieron falta unos pasos serios y mucha oración ferviente.

Por años, me había pedido que hiciéramos la escuela en casa, y yo no quería porque sabía que era inteligente y dotada, y creía que necesitaba la socialización de asistir a la escuela con otros. No obstante, me equivoqué. La escuela casi la destruye. Al final de su segundo año en el instituto, volvió a *suplicarme* que le enseñara en casa. Pude ver el tremendo dolor que se había acumulado en su corazón por años de lo que sentía que era un fracaso y una humillación.

Sabía que se esforzaría, porque en la escuela siempre había trabajado más que la mayoría de sus compañeros y por muy poca recompensa. También reconocí que había perdido por completo la alegría de aprender que tuvo en abundancia cuando era niña. Tuve que asumir el reto, aunque dudaba de mi habilidad de hacerlo bien. Sabía que podía enseñarle las clases como historia, geología, geografía, ciencias, literatura inglesa, composición y Biblia, porque esas eran las materias que me gustaban. Sin embargo, me preocupaba por las matemáticas. Siempre me había ido bien en matemáticas en la escuela, pero eso fue en otra época. Las nuevas matemáticas estaban más allá de mi capacidad de ponerme al día con tan poco tiempo de anticipación. Por lo que mi esposo, mi hija y yo oramos y Dios respondió nuestras oraciones por un tutor maravilloso y piadoso.

La escuela en casa fue algo perfecto para Amanda, y nos divertimos mucho al hacerlo. La historia cobró vida para ambas e hicimos maravillosos viajes de campo para visitar los lugares históricos. El inglés llegó a ser un gozo mientras leía por diversión y escribía proyectos de investigación y ensayos asombrosos. Estudiamos la Biblia juntas todos los días y oramos por su propósito y su futuro. Comencé a ver que su alegría de aprender volvía a florecer.

Después del instituto, fue a una universidad local en el departamento de música y entretenimiento, pero no le gustó que la juzgaran siempre por su apariencia y talento, así como por su propio criterio implacable. Había sido una excelente cantante desde que era pequeña. Había ganado un concurso de talentos de todas las escuelas, tenía uno de los papeles principales en una de las obras musicales de la ciudad, cantó profesionalmente por algún tiempo, haciendo voces de fondo para otros artistas y grabó un disco con otros dos cantantes. Michael y yo siempre la habíamos estimulado en esa dirección, porque pensábamos que ese don era obviamente para lo que la crearon. A pesar de eso, a ella no le gustaba la presión ni la competencia, ni el constante escrutinio y juicio que exigían una carrera en la música. Quería una vida sencilla y pacífica, y la industria de la música, incluso la industria de la música cristiana, no era nada sencilla. No tenía el corazón para eso. En definitiva, no tenía una razón de ser con respecto a la música.

Amanda tuvo varios trabajos de tiempo parcial, desde dependiente de tienda hasta camarera, y cada uno fue una gran experiencia porque aprendió a respetar mucho a la gente que se esfuerza trabajando a tiempo completo en esa clase de trabajos para mantener a sus familias. Aun así, no tenía una visión clara para su vida, excepto que llegó a la conclusión de que esos trabajos eran solo un medio para un fin, pero no su propósito final. Por lo que estábamos progresando.

Un día, mientras Amanda y yo orábamos juntas, de manera específica para que Dios abriera sus ojos al propósito que Él tenía para su vida, de repente supo lo que debía hacer con su vida. Supo que tenía que ayudar a la gente mediante la terapia física. Ya se lo había mencionado antes cuando le hablaba de los dones que observaba en ella. Siempre había tenido unas manos sanadoras extraordinarias. El estar rodeada de terapeutas físicos, porque siempre los he necesitado mucho por lesiones que he tenido, le había dado una percepción natural de cómo aliviar el dolor de otra persona. Y ella creía en los poderes sanadores y terapéuticos de esto. De inmediato, supo que se trataba de eso.

Amanda se inscribió en una escuela para esa especialidad y descubrió por entero su lugar específico. Le encantaron sus instructores, encontró gran armonía con otros estudiantes y ahora está dedicada a practicar distintas clases de terapia física que puede estimular la sanidad en el cuerpo. Todo cayó en su debido sitio y las puertas se le abrieron, una tras otra. Dice que el nuevo versículo de su vida es: «Nada hagáis por contienda o por vanagloria; antes bien con humildad, estimando cada uno a los demás como superiores a él mismo; no mirando cada uno por lo suyo propio, sino cada cual también por lo de los otros» (Filipenses 2:3-4). Amanda cree que está segura que está donde se supone que debe estar y que hace lo que Dios quiso que hiciera: darle salud y vida a la gente que sufre. Lo que cambió fue su razón de ser.

Es muy satisfactorio como padre ver que tu hijo adulto tiene una razón de ser clara en su vida.

Si tu hijo adulto carece de una razón de ser

Es posible que tu hijo adulto tenga una razón de ser desde que se paró en su cuna. O es posible que tengas a alguno de treinta años de edad tirado en tu casa porque ha vuelto por quinta vez después que otro trabajo no dio resultado. O quizá nunca se fue, para comenzar, en cuyo caso sugeriría que consigas un par de rodilleras porque vas a tener que participar en un poco de intercesión ferviente. Es más, diría que tomes un día al mes para ayunar y orar por ese hijo adulto. Pídele a Dios que rompa cualquier barrera que esté impidiendo que reciba una visión para su vida y una percepción del propósito y el llamado de Dios.

Permíteme sugerir que un hijo adulto que sigue sin una razón de ser es alguien peligroso. Te aseguro que los hijos que cometen suicidio, toman drogas, beben de forma habitual, cometen crímenes o siguen con conductas violentas no tienen razón de ser. Si la tuvieran, no harían nada que violara esa razón. No querrían apartarse del camino que les tiene Dios. Sin embargo, estos son ejemplos extremos.

Si tu hijo adulto no parece tener una razón de ser ahora mismo, no te preocupes. En lugar de eso, confía en Dios para que se la dé, pues estás orando por eso. Con todo, si no sucede de inmediato, no dejes de orar. Conozco a unos padres maravillosamente piadosos cuyo hijo no parecía tener ninguna razón de ser en absoluto. Era creyente, se crió en una iglesia cristiana dinámica y tenía amigos piadosos que lo rodeaban. He conocido a esta familia desde que su hijo tenía unos seis años, y no pudo haber tenido un hogar y una formación más maravillosos. Después del instituto, no quiso ir a la universidad ni hacer ninguna otra cosa. Sus padres oraron una y otra vez por él para que percibiera el llamado que Dios tenía para su vida. Un par de años después del instituto, todavía no trabajaba ni recibía educación superior, pero entonces se fue en un viaje misionero con su iglesia y el Espíritu Santo irrumpió.

Al final de ese viaje, llegó a casa con una visión para su vida de ayudar a los demás. Fue a la universidad, obtuvo su primer título universitario y a continuación una maestría, y luego conoció a una chica maravillosa y se casó. Ahora terminó un programa de doctorado. Todo esto sucedió porque tuvo una visión para su vida y una fuerte percepción del propósito de Dios.

Algunos chicos tardan más que otros en encontrar su lugar específico. Eso no es necesariamente algo malo, ni un reflejo de los padres ni del hijo adulto. Todos tienen su propio camino y su propio cronograma. No te sientas derrotado si ves que tu hijo adulto está luchando para encontrar su lugar en el mundo. Y no lo recrimines de palabras, porque solo lo distanciará de ti y no logrará nada. Puedes orar, estimular en gran medida y hacer que hable de sí mismo y de los sueños, esperanzas, ideas, gustos y aversiones que tiene. Dile cuánto lo amas y admiras. Háblale de los buenos rasgos y dones que *ves* en él.

Pídele a Dios que te revele lo que necesitas ver en tus hijos adultos desmotivados. Trata de evitar que estén sentados en su habitación todo el día, escuchando música o navegando en la Internet. Esto no lo ayudará a descubrir su propósito. En cambio, los pondrá en una niebla cerebral. Si van a vivir en tu casa, hazlos parte de tu hogar. Dales tareas que hacer y ten expectativas de lo que tienen que contribuir, así como se espera de ti y tu cónyuge, o de alguien más que viva allí. Pídeles que vivan bajo tus reglas. Tener expectativas bajas de tus hijos adultos no les hace ningún bien, así como tampoco tener expectativas que sean demasiado altas.

Michael y yo dejamos que nuestros hijos adultos vivieran en nuestra casa hasta que estuvieran financieramente listos para trasladarse a lugares buenos y seguros, cuando tenían veintitantos años. Habían vivido fuera de casa en la universidad, en apartamentos fuera del campus, con compañeros. Cuando salieron de la universidad, cada uno trabajó a tiempo completo y ahorró dinero para dar la entrada de sus propios apartamentos, que cada uno compró cuando su situación económica les permitió asumir la responsabilidad.

Puedo ver por qué los padres permiten que sus hijos adultos vivan con ellos tanto tiempo cuando no están trabajando. Es más barato y por lo menos sabes que están seguros. No obstante, llega el punto en que debe marcarse un límite. Por ejemplo, decir: «Sí, puedes quedarte aquí, pero tienes que trabajar, estudiar o hacer ambas cosas. No puedes estar sin hacer nada». Un hijo adulto no encontrará su razón de ser acostado delante del televisor o un videojuego. No la encontrará durmiendo todo el día y quedándose despierto toda la noche con sus amigos. Es posible que tampoco la encuentre trabajando en un restaurante de comida rápida, pero al menos, mientras trabaja allí, quizá se dé cuenta de cuál *no* es su razón de ser. Y eso ayudará en el proceso de eliminación.

Sin embargo, tus hijos adultos no pueden vivir contigo para siempre, incluso bajo estas circunstancias, porque nunca descubrirán lo que Dios tiene para ellos. A menos que sean discapacitados y necesiten de tu cuidado a tiempo completo, en algún momento tienen que comenzar a vivir las vidas a las que les llamó Dios. Ni tú ni ellos serán felices hasta que lo hagan. Ora por tus hijos adultos, a fin de que tengan una razón de ser de Dios, pues eso los impulsará a hacer lo que tienen que hacer para cumplirla a cabalidad. Un hijo adulto sin razón de ser no hará nada, pero un hijo adulto *con* una razón de ser hará lo necesario para llegar donde tiene que estar.

Si tu hijo adulto necesita dirección

Cada hijo adulto necesita de un sentido de dirección. ¿Deberían irse lejos a la universidad o quedarse cerca de casa? ¿Deberían encontrar trabajo en otra ciudad o en su ciudad natal? ¿Deberían trabajar con esta compañía o con aquella? Aunque no conozcan su propósito, tienen que dar pasos hacia alguna dirección. Y tú quieres que sea la apropiada.

Después de la caída de Jerusalén, el pueblo que se quedó allí le pidió a Jeremías que orara para que tuvieran dirección del Señor a fin de saber qué hacer: si se quedaban donde estaban o si se iban a Egipto. Jeremías oró, pero la respuesta no llegó de inmediato. *«Aconteció que al cabo de diez días vino palabra de Jehová a Jeremías»* (Jeremías 42:7, énfasis añadido). Jeremías tenía una línea directa con Dios y tuvo su favor, pero todavía necesitó esperar la respuesta. Siempre ten en mente que tú también tienes una línea directa con Dios. Se llama Jesús. Así que tienes el favor de Dios porque Jesús vive en ti. Además, puedes orar por dirección para tu hijo adulto con el poder del Espíritu Santo. Con todo, no te desanimes si la respuesta no llega de inmediato. Quizá llegue de repente, como un interruptor de luz que se enciende. O podría llegar de forma gradual, como el amanecer. No importa cómo llegue la respuesta, será conforme a lo planeado porque es del Señor.

El problema con los israelitas era que ya se habían decidido *antes* de que le pidieran a Jeremías que le preguntara a Dios a nombre de ellos. No importaba que Dios les instruyera que se quedaran en Jerusalén; de todas maneras, ya estaban decididos a marcharse para Egipto. Debido a que no escucharon la dirección de Dios, los destruyeron. Ora para que tus hijos adultos no solo escuchen la dirección de Dios, sino que hagan lo que les indica.

Se dice de Jerusalén que la ciudad cayó porque no tomó en cuenta su destino. «No se acordó de su fin; por lo tanto, ella ha descendido sorprendentemente, y no tiene quien la consuele» (Lamentaciones 1:9). Esto sucedió porque se alejaron de Dios, siguieron ídolos y fueron impenitentes por completo y no porque Dios no tuviera misericordia de la gente. La gente no tomó en cuenta que su pecado los llevaría a la destrucción. Hicieron lo que querían, pensando que no habría consecuencias. Esto es justo lo que ocurre cuando la gente trata de vivir sin una percepción del destino otorgado por Dios. Ora para que tus hijos adultos sean lo bastante sabios como para tomar en cuenta su destino. Y para hacerlo, tendrán que consultar a Dios para que Él pueda mantenerlos en la dirección adecuada.

Nuestros hijos adultos pueden tener una percepción de dirección y aun así presentar dificultades para tomar decisiones. Cuando no pueden tomar decisiones ni hacer elecciones en las cosas importantes, tenemos que orar por un derramamiento del Espíritu Santo en ellos, de modo que los ayude a resolver las cosas. Y nosotros tenemos que *seguir* orando hasta que tengan sus respuestas.

Si tu hijo adulto ya tiene una razón de ser

Considérate bendecido si tu hijo adulto ya tiene una razón de ser. Todo lo que tienes que hacer es orar para que no pierdan de vista lo que son y que Dios continúe ayudándolos a definirla y les permita dar los pasos adecuados para ver que se realice ese propósito en sus vidas.

Sin embargo, ten en mente que siempre es posible que cualquiera pierda su razón de ser al estar extenuado, agobiado, tenso, enfermo, decepcionado, con dudas o al tomar una mala decisión, al experimentar fracaso repetidas veces, al escuchar a una mala influencia o al llegar a estar confundido por el enemigo. Si alguna vez observas que esto les sucede a tus hijos adultos, ora por ellos para que vuelvan a escuchar al Espíritu Santo y regresen al camino.

El apóstol Pablo les dijo a los efesios que oraba para que los ojos de su entendimiento se iluminaran y que pudieran ver cuál era la esperanza del llamado de Dios (Efesios 1:18). Puedes pedir lo mismo para tus hijos adultos. Ora para que sus ojos se abran y vean el llamado de Dios para sus vidas. Ora para que comprendan que su propósito y llamado se llevará a cabo a medida que se profundiza su relación con el Señor.

—⁓—

⌐◦ EL PODER DE LA ORACIÓN ◦⌐

Señor, te ruego por (<u>nombre de tu hijo adulto</u>) para que tenga una razón de ser en su vida y la capacidad de comprender ese propósito con claridad. Dale el Espíritu de sabiduría y revelación, a fin de que se iluminen los ojos de su entendimiento. Ayúdalo a saber cuál es la esperanza de tu llamado y cuál es la supereminente grandeza de tu poder en él (Efesios 1:17-19). Te pido que tus planes de cumplir el destino y el propósito que tienes para él tengan éxito, y no los planes del enemigo.

Permítele alejarse de todas las distracciones de este mundo y que se vuelva a ti para escuchar tu voz. No permitas que pierda su vida buscando algo que lo aparte del camino que tienes para él. Te pido que cada experiencia lo acerque más a ti y que lo aleje más de cualquier cosa que socave tus planes para él. Te pido que todo lo que haga apoye ese propósito y no posponga su cumplimiento. Permítele que siempre crezca en su relación contigo.

Señor, enséñame a orar de manera específica por el propósito, la dirección y el llamado de mi hijo adulto. Dame comprensión y revelación. Ayúdame a estimularlo y a darle información útil sin ser crítico ni autoritario. Si es necesario marcar límites, muéstrame con claridad cuáles deberían ser y ayúdame a establecerlos. Si parece que una respuesta vendrá a largo plazo, ayúdame a no darme por vencido. Mantenme fuerte en la oración hasta que se cumpla tu propósito.

Ayuda a mis hijos adultos a escuchar tu voz para que tengan una palabra tuya en su corazón. Que sea un trampolín que los impulse hacia el buen camino. Dales una fuerte percepción de dirección y propósito que trascienda todo temor, duda, haraganería, derrota y fracaso.

Cuando mis hijos adultos *sí* tengan una razón de ser, te pido que no la pierdan. Dales sabiduría y motivación para dar los pasos adecuados cada día. Permíteles entender lo que es más importante en la vida, para que puedan tomar decisiones y hacer elecciones con facilidad. Te ruego que nunca fallen al considerar su destino en cada decisión que tomen y en todo lo que hagan. Ayúdalos a no tener sus mentes determinadas sin consultarte. No permitas que insistan en lo que *ellos* quieren en lugar de querer lo que quieres *tú*.

Infunde en mis hijos adultos un deseo de siempre estar en el centro de tu voluntad. Les digo: «El Señor "te dé conforme al deseo de tu corazón, y cumpla todo tu consejo"» (Salmo 20:4).

Te lo pido en el nombre de Jesús.

—⟋⟍—

⎯❧ El poder de la Palabra ❧⎯

Y sabemos que a los que aman a Dios, todas las
cosas les ayudan a bien, esto es, a los que conforme
a su propósito son llamados.
Romanos 8:28

Te dé conforme al deseo de tu corazón,
Y cumpla todo tu consejo.
Salmo 20:4

No ceso de dar gracias por vosotros, haciendo memoria
de vosotros en mis oraciones, para que el Dios de nuestro
Señor Jesucristo, el Padre de gloria, os dé espíritu de
sabiduría y de revelación en el conocimiento de él,
alumbrando los ojos de vuestro entendimiento, para
que sepáis cuál es la esperanza a que él os ha llamado.
Efesios 1:16-18

Porque irrevocables son los dones y el
llamamiento de Dios.
Romanos 11:29

Todo tiene su tiempo, y todo lo que se quiere
debajo del cielo tiene su hora.
Eclesiastés 3:1

6

Ora para que tus hijos adultos

TRABAJEN CON ÉXITO Y TENGAN ESTABILIDAD FINANCIERA

—⟋⟍—

Una de las cosas más importantes que nuestros hijos adultos deben escuchar acerca de Dios es la dirección en cuanto al trabajo de su vida. Sin la guía de Él, pueden batallar, titubear con torpeza y vagar por años, yendo de un trabajo a otro y de una frustración a una decepción, de una duda a una desesperación. También queremos que encuentren propósito en cada trabajo que hagan, aunque ese propósito sea solo hacerlos decir con seguridad: «Voy a volver a la universidad para prepararme más o a obtener un título, porque de seguro que no quiero terminar haciendo esto por el resto de mi vida». O a decir: «Voy a tomar lo que he aprendido en este trabajo y lo aplicaré en el siguiente». El punto es encontrar ese equilibrio entre obtener experiencia y perder su tiempo en algo que Dios no está bendiciendo.

Los primeros cinco capítulos de este libro hablan de pedirle a Dios que derrame su Espíritu en nuestros hijos adultos; para que los ayude a desarrollar un corazón para Él, sus caminos y su Palabra; para que les dé sabiduría, discernimiento y revelación; para que los libere y puedan llegar a ser lo que Él quiere que sean; y para permitirles desarrollar una razón de ser clara. La oración de estas cinco maneras sentará una base en las vidas de tus hijos adultos que no solo les ayudará a entender cómo Dios los *llama* a servirlo, sino que también les revelará cuál será el trabajo de sus vidas. Muy a menudo los hijos adultos no pueden encontrar la *dirección* que Dios tiene para sus vidas en cuanto a sus trabajos, porque no lo escuchan. Sin una *visión dada por Dios*, se desplazan sin rumbo fijo. Tus oraciones pueden ayudarlos a encontrar todo eso.

Isaías habló de cómo Dios crearía un nuevo cielo y una nueva tierra, y lo primero ni siquiera se recordaría (Isaías 65:17). Y en ese día, la vida de los justos (los creyentes) no se cortaría de manera prematura. Además, lo que haces para ti permanecerá y no te lo robarán. «Edificarán casas, y morarán en ellas; plantarán viñas, y comerán el fruto de ellas [...] *y mis escogidos disfrutarán la obra de sus manos. No trabajarán en vano* [...] Y antes que clamen, responderé yo; mientras aún hablan, yo habré oído (Isaías 65:17-24, énfasis añadido).

Dios quiere que disfrutemos nuestro trabajo y que no trabajemos en vano. Y eso es lo que queremos todos también. Por eso es que deberíamos orar: «Señor, tú dices que tu deseo para los que te amamos y vivimos a tu manera es que disfrutemos de la obra de nuestras manos y que no trabajemos en vano. Te ruego por mis hijos adultos para que te amen, vivan a tu manera y comprendan lo que tienen que hacer con sus vidas. Te pido que siempre disfruten del trabajo de sus manos y que no pierdan tiempo valioso en trabajo que no tiene fruto».

Ora para que sean diligentes y se esfuercen

He escuchado que la gente que tiene negocios dice que ahora muchas personas jóvenes quieren que les paguen, pero no quieren esforzarse, ni son diligentes en su trabajo. Sé que esto no es cierto en muchos casos, pero hay algunos hijos adultos que no entienden lo valioso que es el esfuerzo en el trabajo. Cuando era adolescente, ansiaba entrar a la fuerza laboral y quería esforzarme. Y desde que cumplí los dieciséis años, me he esforzado trabajando cada día de mi vida. Creo que la razón de mi dedicación es que crecí siendo pobre y, si no trabajaba por algo, no lo tenía.

El hecho de que algunas personas no tengan el interés de esforzarse es un misterio para mí, cuando hay tanto que ganar... y no solo desde el punto de vista monetario. También hay una gran satisfacción personal y un sentido de logro que viene como recompensa para el alma. Sin embargo, a demasiados hijos adultos les han dado tanto que piensan: *«¿Para qué esforzarme cuando puedo obtener lo que quiero de forma gratuita?».* O tienen un espíritu haragán que enturbia su pensamiento. O han tomado drogas que enturbian sus almas.

—⁓—

Cinco cosas que la Biblia dice acerca de las personas que son diligentes y trabajan con empeño

1. *Los que trabajan con empeño siempre tendrán lo suficiente.* «La mano negligente empobrece; mas la mano de los diligentes enriquece» (Proverbios 10:4).

2. *Los que trabajan con empeño poseerán un gran tesoro interno.* «El indolente ni aun asará lo que ha cazado; pero haber precioso del hombre es la diligencia» (Proverbios 12:27).

3. *Los que trabajan con empeño enriquecerán su alma.* «El alma del perezoso desea, y nada alcanza; mas el alma de los diligentes será prosperada» (Proverbios 13:4).

4. *Los que trabajan con empeño llegarán a ser líderes.* «La mano de los diligentes señoreará; mas la negligencia será tributaria» (Proverbios 12:24).

5. *Los que trabajan con empeño siempre ascenderán.* «Las riquezas de vanidad disminuirán; pero el que recoge con mano laboriosa las aumenta» (Proverbios 13:11).

Solo estas cinco razones nos dan suficiente inspiración para orar por nuestros hijos adultos de modo que se esfuercen y sean diligentes. Si se niegan a hacerlo, están destinados a acabar con nada.

Si tienes un hijo que no puede, o no quiere, mantener un trabajo

Los hijos adultos que no pueden *mantener* un trabajo, o que no quieren *conseguir* trabajo, casi nunca tienen suficiente contacto con Dios mediante la oración personal. Te garantizo que si alguien le pide dirección a Dios para su vida, sobre todo en cuanto a su trabajo, Él se la dará. Tienen que poder escuchar a Dios en cuanto a esto, porque Él puede asegurar su dirección profesional y seguridad financiera de maneras que no pueden comenzar a hacerlo por su cuenta. Tienen que averiguar para qué los crearon y obtener la dirección del Señor en cuanto a cómo ocuparse de eso.

Esto no quiere decir que la gente que tiene la dirección del Señor siempre tendrá trabajos satisfactorios y llenos de significado. Todos tenemos épocas en que trabajamos en lugares solo para pagar las cuentas, y no hay nada de malo en eso. Es más, todo está bien, siempre y cuando reconozcamos el propósito de eso y le demos gracias a Dios al respecto. No importa lo insignificante que parezca ser el trabajo que tenemos, todavía estaremos trabajando *hacia* algo. Podemos estar en un trabajo aburrido si tiene un propósito, como poder poner a un hijo en una mejor escuela, pagar una deuda, vivir en un área más segura, tener dinero para la educación superior o para cualquier otra cosa que sea importante para nuestras vidas. Podemos dedicar cualquier trabajo para la gloria de Dios, sin importar lo lejos que parezca estar de nuestro trabajo ideal. Cuando nuestros hijos adultos dedican lo que hacen a la gloria de Dios, Él lo bendecirá y sacará mucho bienestar de esto. Se asegurará que cada trabajo contribuya al otro y se aproveche para algo.

Sirve de ayuda que tus hijos adultos comprendan que «en toda labor hay fruto», aunque no los compense como les gustaría, y que solo hablar del trabajo conduce a la pobreza (Proverbios 14:23). Cuando no ven ningún propósito en el trabajo que hacen, sus corazones no estarán en eso y tampoco harán bien su trabajo. Esto los agotará en lugar de fortalecerlos. Sin embargo, cuando sirven a Dios, incluso en los trabajos insignificantes tendrán una razón de ser que los llevará a trabajos mejores y a un éxito mayor.

Si tienes hijos adultos que no quieren trabajar, están en un camino que les ocasionará destrucción al final. No dejes que vayan por ese camino. La Biblia dice: «El deseo del perezoso le mata, porque sus manos no quieren trabajar» (Proverbios 21:25). Ora para que tengan la alegría que surge al dedicar su trabajo al Señor y que encuentren la satisfacción de trabajar para ayudar a otros.

Hay una diferencia entre un hijo adulto que no quiere conseguir trabajo y quiere jugar más que trabajar y por eso no puede pagar su alquiler, y un hijo adulto que se esfuerza pero que el negocio es muy lento o que lo despidieron porque su empleador está reduciendo el personal y ahora no puede hacer los pagos de su hipoteca. En el primer caso, es posible que el hijo tenga que caer para que entre en razón. En la segunda situación, puedes evitar la destrucción de ese hijo mediante tu ayuda. Pídele a Dios que te muestre la verdad.

Si tu hijo adulto está recibiendo tu ayuda financiera, o alguna otra ayuda tuya para el caso, tienes el derecho de hablarle acerca de lo que está haciendo con su vida. Ora primero para que tenga un corazón receptivo y que esté dispuesto a escucharte. Luego, ora para que sea lo bastante humilde para honrarte como padre al escuchar tu consejo. ¿Te acuerdas del mandamiento que dice que los hijos deben honrar a sus padres si quieren que les vaya bien? (Éxodo 20:12). Nunca se sabe si las cosas no le van bien en el trabajo a tu hijo adulto porque no te ha honrado como padre. Pídele a Dios que te muestre si estás dándole a tu hijo adulto demasiada ayuda, que no le hace falta que intente ser independiente en lo económico. Hay un punto donde *ayudar* se convierte en *facilitar*, y necesitamos que Dios nos muestre dónde marcar el límite.

Ora para que tus hijos adultos tengan estabilidad financiera

Además de orar por el trabajo de nuestros hijos adultos, también tenemos que orar por sus finanzas. Ora para que tengan un ingreso que supla sus necesidades. Un hijo adulto con un cónyuge y cuatro hijos necesita más ingreso que una persona soltera que comparte gastos con cinco compañeros. A medida que aumentan sus necesidades, siempre tenemos que orar para que su ingreso aumente con las mismas. No importa lo que hagan, quieren tener éxito y eso se reflejará en cómo aumentan sus ingresos. Ora para que encuentren el equilibrio, para que no tengan una «mano negligente» y sean pobres (Proverbios 10:4), ni «se afanen por hacerse ricos» (Proverbios 23:4). Ora para que se esfuercen lo conveniente y que tengan las suficientes oportunidades para producir los ingresos que necesitan.

Por supuesto, es mejor orar *antes* de que suceda algo, como una medida preventiva. Por ejemplo, ora de modo que tengan el favor de la gente *para* la que trabajan y con quien trabajan. Ora para que les compensen de manera justa y generosa por el trabajo que hacen. Ora para que aprecien y reconozcan su trabajo y que les permitan avanzar. Ora para que hagan lo que se supone que deben hacer en ese tiempo.

Si tus hijos adultos se dedican a la ocupación equivocada, fuera de la voluntad de Dios, seguirán batallando. Eso no quiere decir que no batallen en su trabajo si están *en* la voluntad de Dios, pues esa batalla los llevará a algo grande. Cuando están fuera de la voluntad de Dios, la batalla no los llevará a ningún lado. Es mejor batallar cuando se está *en* la voluntad de Dios y dar fruto al final que batallar *fuera* de la voluntad de Dios y no tener nada duradero que lo demuestre.

Los hijos adultos con padres que oran de manera poderosa a menudo encuentran temprano su vida de trabajo, pero es evidente que eso no siempre es así. Hay muchos padres piadosos y devotos que oran, pero que se quedan desconcertados por la falta de motivación de un hijo adulto, en especial cuando sus otros hijos adultos no son así. La respuesta de qué hacer con esto es seguir orando de manera ferviente y no rendirse. Ese hijo tiene un *gran propósito* y, con frecuencia, se requiere de *mucha oración* para ver que salga un gran propósito.

Recuerda que el enemigo siempre vendrá a oponerse y a resistir los planes que Dios tiene para tu hijo adulto y tratará de imponer sus propios planes. Deja que tus oraciones se conviertan en una fuerza que sea el punto final de esto. Entrega cualquier sueño y plan que *podrías tener* para la vida de tu hijo adulto y ora para que el plan *de Dios* gobierne en todo. Los planes de Dios y tus sueños podrían ser los mismos, pero tienes que estar seguro. No vas a querer que los tuyos se interpongan en el camino si no están alineados con los de Dios.

Dios nos pedirá que entreguemos nuestros sueños para nuestros hijos adultos porque quiere que nosotros y nuestros hijos adultos dependamos de Él a fin de hacer que se desarrollen sus vidas.

Dios le pidió a Abraham que llevara a su único hijo, Isaac, a un lugar específico para ofrecerlo como sacrificio. Isaac era el hijo de la promesa de Dios para Abraham y Sara, que habían llegado a la vejez sin hijos. Dios le pidió a Abraham que entregara su sueño, su sueño de tener un hijo y su sueño de lo que su hijo llegaría a ser, y que le diera ese sueño por completo a Él. Resultó que ese era el mismo lugar en el que Dios, al final, sacrificaría a su único Hijo, Jesús. Al estar *dispuesto* a hacer ese sacrificio, Abraham demostró su reverencia, amor firme y confianza en Dios, porque creyó que Él levantaría a Isaac de los muertos. Dios intervino justo a tiempo al proveer un carnero para el sacrificio, en lugar de Isaac (Génesis 22:1-13). Entonces «llamó Abraham el nombre de aquel lugar, Jehová proveerá. Por tanto se dice hoy: En el monte de Jehová será provisto» (Génesis 22:14).

Lo que esto significa para nosotros es que Dios es fiel para proveernos cuando tenemos necesidad, si somos fieles para obedecerlo y seguirlo.

También significa que Dios nos pide que entreguemos nuestro sueño, aunque sepamos que nuestra visión es suya, porque quiere que sepamos que *Él* es quien hará que eso suceda. Cuando dejamos que muera un sueño que es la voluntad de Dios, Él lo resucitará. Entonces estaremos seguros de que *Dios* hizo que sucediera y que no lo logramos con nuestro propio esfuerzo.

Ora para que tu hijo adulto pueda rendir su sueño al Señor. Y cuando el sueño esté casi muerto, ora para que Dios lo resucite. Ora para que tu hijo adulto vea la mano de Dios en su vida. Este conocimiento previo de los caminos de Dios te ayudará a no darte por vencido y a no preocuparte cuando veas que tu hijo adulto tiene problemas financieros. Te ayudará a darle ánimo, aunque esté desanimado, porque tú ves el cuadro global.

—⁓—

OCHO MANERAS DE ORAR POR SEGURIDAD FINANCIERA

1. *Ora para que tu hijo adulto siempre trabaje cuando tenga la oportunidad.* «El que duerme en el tiempo de la siega es hijo que avergüenza» (Proverbios 10:5).

2. *Ora para que tu hijo adulto tenga sabiduría a fin de ahorrar dinero para los tiempos de carestía.* «El que recoge en el verano es hombre entendido» (Proverbios 10:5).

3. *Ora para que tu hijo adulto aprenda a darle al Señor lo que Él requiere y desea.* «Traed todos los diezmos al alfolí y haya alimento en mi casa; y probadme ahora en esto, dice Jehová de los ejércitos, si no os abriré las ventanas de los cielos, y derramaré sobre vosotros bendición hasta que sobreabunde» (Malaquías 3:10).

4. *Ora para que tu hijo adulto siempre le dé al pobre y necesitado.* «Bienaventurado el que piensa en el pobre; en el día malo lo librará Jehová. Jehová lo guardará, y le dará vida; será bienaventurado en la tierra, y no lo entregarás a la voluntad de sus enemigos» (Salmo 41:1-2). «El que cierra su oído al clamor del pobre, también él clamará, y no será oído» (Proverbios 21:13). «El que da al pobre no tendrá pobreza; mas el que aparta sus ojos tendrá muchas maldiciones» (Proverbios 28:27).

5. *Ora para que tu hijo adulto busque al Señor en todo, incluso en la provisión de Dios.* «Los leoncillos necesitan, y tienen hambre; pero los que buscan a Jehová no tendrán falta de ningún bien» (Salmo 34:10).

6. *Ora para que tu hijo adulto obtenga riqueza según la voluntad de Dios, de manera que no pierda la habilidad de disfrutarla.* «La bendición de Jehová es la que enriquece, y no añade tristeza con ella» (Proverbios 10:22).

7. *Ora para que tu hijo adulto sepa que el verdadero tesoro se encuentra en el Señor.* «Porque donde esté vuestro tesoro, allí estará también vuestro corazón» (Mateo 6:21).

8. *Ora para que tu hijo adulto siempre tenga una percepción de lo que es bueno y ético.* «Como la perdiz

que cubre lo que no puso, es el que injustamente
amontona riquezas; en la mitad de sus días las dejará,
y en su postrimería será insensato» (Jeremías 17:11).

La economía del mundo es muy inestable. No hay garantías,
excepto en la economía de Dios. Dios dice que si tú das, recibirás;
si buscas su voluntad, tendrás todo lo que necesites; si te esfuerzas,
serás recompensado; si vives a la manera de Dios, nunca tendrás
hambre. Nuestros hijos adultos necesitan nuestras oraciones que
los ayuden a entender y a confiar en este principio de dar.

Siempre ten en mente cuando oras que Dios a veces usa las
finanzas, o la *falta* de ellas, para llamar la atención de tu hijo
adulto. Si oras una y otra vez y no cambian las cosas, pídele a
Dios que les muestre, a ti y a tu hijo adulto, si hay lecciones
importantes que hay que aprender a través de esto. O tal vez
Dios tenga otros planes para él que requieran de alguna clase de
cambio de ocupación, trabajo, estilo de vida, enfoque, actitud,
metas o visión. Cuando ores por esto, obtendrás la confianza de
saber que tu hijo adulto está en las manos de Dios. Quizá Dios
solo quiera que comprenda dónde está su verdadero tesoro antes
de bendecirlo con remuneraciones monetarias.

Todos tenemos tiempos buenos y no tan buenos cuando se
trata de trabajo y finanzas. Si caminamos con Dios, hasta los
reveses no serán nada más que eso. Lo que queremos evitar son
desastres mayores, como perder una casa, meternos en deudas
o llegar a la bancarrota. Nuestras oraciones no garantizan que
nuestros hijos adultos podrán evitar todas las dificultades financieras, pero puedes confiar en que Dios los ayudará en esas
situaciones y les enseñará lecciones valiosas en el proceso.

Cómo orar por un hijo adulto que tiene problemas financieros

Nadie quiere ver que sus hijos adultos pasen por problemas
financieros. No solo no lo queremos para *ellos*, sino que tampoco
lo queremos para *nosotros* porque eso de seguro nos costará algo.

A menudo, Dios usará los problemas financieros para llamar la atención de alguna persona. Y nada hace eso más rápido o mejor, a excepción de la enfermedad. Un problema financiero es una de las tensiones más fuertes de nuestra vida, y es igual de estresante para nosotros cuando vemos que les ocurre a nuestros hijos adultos.

Todos hemos visto que ocurren desastres financieros por problemas de salud, divorcio, hijos que se meten en problemas o desempleo. Y Dios usará estas situaciones para llamar nuestra atención. Podría ser que la ruina financiera, la ejecución hipotecaria o la bancarrota sean la única manera de poner a nuestros hijos adultos en el buen camino. Es posible que tengan que caer para que puedan llegar a ver a Dios como su fuente. Ora y pídele a Dios que te muestre la verdad en esto. Él lo hará. Nadie quiere experimentar dificultades financieras, pero eso podría llevar a un giro completo en un hijo adulto.

Si tus hijos adultos ya han experimentado un desastre financiero, ya sea por gastos descuidados o porque han tenido tiempos difíciles, ya sea que estén en la etapa agobiante o que hayan perdido su casa y estén en la bancarrota, entiende que Dios puede hacerlos volver, ponerlos en suelo sólido y volver a darles estabilidad financiera. Ora para que su situación los vuelva al Señor y a sus caminos más que nunca en sus vidas.

Si el desastre o los problemas financieros se debieron a que un hijo adulto no quiere trabajar, ya sea por una seria falta de confianza, temor al fracaso, depresión, egocentrismo o haraganería, necesita la ayuda profesional de un consejero financiero y quizá de un consejero cristiano. Este es un problema que no desaparecerá sin la intervención, sobre todo si hay un patrón de comportamiento. Si un hijo adulto es un buen trabajador, hasta el punto de ser un adicto al trabajo y se sacrifican cosas importantes como la salud, el matrimonio, los hijos y el tiempo con el Señor, ora por un despertar en él de modo que entienda la necesidad de un equilibrio y una percepción de las prioridades ordenadas por Dios.

Una de las ventajas de perderlo todo es que te obliga a darte cuenta de que *Dios lo es todo*. Que *Él lo proveerá todo*. Que *en Él se encuentra todo*. Y que *todo lo que tienes viene de Él*. «Mi Dios, pues, suplirá todo lo que os falta conforme a sus riquezas en gloria en Cristo Jesús» (Filipenses 4:19). Llegar a depender por completo de Dios ayudará a tus hijos adultos a hacer borrón y cuenta nueva y a comenzar de nuevo. Los llevará a encontrar el trabajo adecuado. Les dará sabiduría para gastar, ahorrar y vivir dentro de sus posibilidades. Con suficiente oración, y alabanza a Dios porque Él está haciendo grandes cosas en medio de esta situación, esto podría ser lo mejor que podía haberles ocurrido. Quizá sea el catalizador que los empuje hacia el buen camino.

Lo mejor que puedes hacer es comenzar a orar por la estabilidad financiera *antes* de que ocurra algo malo. No obstante, si ahora ya es demasiado tarde para la oración preventiva, haz una oración de redención. Recuerda que Dios puede redimirlo todo... incluso a nuestros hijos adultos y sus problemas financieros.

—⁓—

⸙ El poder de la oración ⸙

Señor, pido tus bendiciones para (nombre de tu hijo adulto). Bendice el trabajo de sus manos en todo sentido. Dale una fuerte razón de ser que le guíe a la ocupación adecuada y que siempre esté en el trabajo o puesto que es tu voluntad para su vida. Háblale de tu propósito para él, a fin de que nunca deambule de trabajo en trabajo sin propósito. Ayúdalo a encontrar un gran propósito en cada trabajo que haga.

Ayúdalo a ser diligente en todo y que nunca sucumba ante una actitud haragana o descuidada. Cuando haya cualquier clase de haraganería o temor que lo detenga, te pido que haya una ruptura en esa fortaleza. Derrama tu Espíritu Santo en él y dale sabiduría para salir de ese engaño y que tenga la fortaleza para liberarse de esas paralizantes cadenas. Ayúdalo a que «nunca dejen de ser diligentes; antes bien, sirvan al Señor con el fervor que da el Espíritu» (Romanos 12:11, nvi).

Te pido que siempre haga su trabajo para tu gloria (Colosenses 3:23). Convence su corazón si hay alguna tentación de hacer algo no ético, ya sea de manera deliberada o inconsciente. Apártalo de cualquier acción cuestionable o ilegal. Ayúdalo a siempre saber que cualquier ganancia que parezca ser suya, por acciones ilegales o no éticas, nunca permanecerá y que arruinará su reputación al final. Te pido que esté convencido de que una buena reputación es mucho más valiosa que las riquezas (Jeremías 17:11).

Dales sabiduría a mis hijos adultos en cuanto a los asuntos de dinero. Ayúdalos a que vean el peligro antes de que ocurra algo serio. Dales entendimiento en cuanto a gastar, ahorrar e invertir con sabiduría. Ayúdalos a no cometer errores tontos o descuidados. Protégelos para que sus finanzas no se pierdan, para que no les roben, ni las desperdicien. Te pido que nunca se le permita al enemigo que robe, mate o destruya nada en sus vidas. Te pido por mis hijos adultos para «que hagan bien, que sean ricos en buenas obras, dadivosos, generosos; atesorando para sí buen fundamento para lo por venir, que echen mano de la vida eterna» (1 Timoteo 6:18-19).

Señor, ayuda a mis hijos adultos a dedicar sus ganancias a ti, para que tú estés a cargo de ellas. Ayúdalos a liberarse de deudas y a que sean cuidadosos con sus gastos para que su futuro sea seguro. Permíteles ser buenos administradores de todo lo que les has dado. Ayúdalos a aprender a darte de una manera que sea agradable a tus ojos.

Si mi hijo adulto está teniendo problemas financieros ahora, te pido que cambien las cosas. Ayúdalo a aprender de la corrección e instrucción de maestros sabios y gente con madurez, sabiduría y experiencia para que evite la pobreza y la vergüenza y obtenga honra y prosperidad (Proverbios 13:18). Por el poder del Espíritu Santo, pronuncio la bendición de Dios de provisión sobre (nombre de tu hijo adulto). Dale sabiduría en cuanto a trabajo, carrera, ocupación y profesión. Te pido éxito en el trabajo que lo has llamado a hacer. Abre las puertas de oportunidad y ayúdalo a encontrar gracia en el lugar de trabajo. Ayúdalo a que lo remuneren de manera justa por el trabajo que hace.

Señor, tú dices: «Mas buscad el reino de Dios, y todas estas cosas os serán añadidas» (Lucas 12:31). Ayuda a mis hijos adultos a tener como prioridad buscarte para que puedan establecer una estabilidad financiera. Ayúdalos a rendirse a ti en cuerpo, mente, alma y espíritu a fin de que puedan dirigirse hacia la abundancia y la prosperidad que les tienes reservadas. Te pido que la belleza del Señor esté sobre ellos y que confirmes la obra de sus manos (Salmo 90:17). Te ruego que «disfruten la obra de sus manos» y que «no trabajen en vano» (Isaías 65:22-23).

Te lo pido en el nombre de Jesús.

—◠◠—

—∽ El poder de la Palabra ∽—

Y todo lo que hagáis, hacedlo de corazón, como
para el Señor y no para los hombres.
Colosenses 3:23

Es don de Dios que todo hombre coma y beba,
y goce el bien de toda su labor.
Eclesiastés 3:13

Encomienda a Jehová tus obras, y tus pensamientos
serán afirmados.
Proverbios 16:3

Joven fui, y he envejecido, y no he visto justo desamparado,
ni su descendencia que mendigue pan.
Salmo 37:25

Ahora, Señor, despides a tu siervo en paz, conforme a tu
palabra. Porque han visto mis ojos tu salvación, la cual has
preparado en presencia de todos los pueblos.
Lucas 2:29-31

7

Ora para que tus hijos adultos

Tengan una mente sana
y una buena actitud

—⟪⟫—

Ninguno de nosotros sabe lo que otra persona piensa en realidad. Muy poca gente, si acaso, expresa todos sus pensamientos con alguien más. Ni siquiera los esposos y las esposas; ni siquiera en relaciones cercanas entre padres e hijos adultos. Lo cierto es que solo Dios conoce todos nuestros pensamientos. Por eso es que Él es el único al que hay que buscar en cuanto a lo que pasa en la mente y las emociones de tu hijo adulto.

Algunas de las mayores batallas que muchos de nuestros hijos adultos tienen que enfrentar son las que ocurren en sus mentes. El enemigo siempre tratará de hacerlos creer sus mentiras y que rechacen la verdad de Dios. Sabe que siempre y cuando crean sus mentiras ha ganado. Todos podemos tener pensamientos que nos asedian y pasan una y otra vez por nuestra cabeza, y hasta ocasionan manifestaciones en nuestros cuerpos físicos como dolor, náusea, enfermedad o la incapacidad de nuestros cuerpos de hacer lo que tienen que hacer.

Nuestros pensamientos no solo pueden hacer que nuestro cuerpo se enferme, sino también nuestras mentes y emociones. Un pensamiento equivocado puede hacer que fracasemos en la vida si creemos una mentira acerca de nosotros y no lo que la Palabra de Dios dice de nosotros. Por ejemplo, si a cada momento decimos: «Siempre fracaso en todo», en lugar de: «Todo lo puedo en Cristo que me fortalece», es muy probable que experimentemos el fracaso. El problema es que muy a menudo creemos que la mentira *es* la verdad porque no tenemos claro cuál es la verdad de Dios. Además, escuchamos la voz del enemigo que grita a nuestras mentes, que es mucho más fuerte que la pequeña voz silenciosa de Dios en nuestras almas. La Biblia dice del enemigo que «no hay verdad en él [...] porque es mentiroso, y padre de mentira» (Juan 8:44).

Todos somos susceptibles a esa clase de tormento mental, pero nuestros hijos adultos aun más. Puesto que no importa a cuánto ruido, distracción e información mundana estuvimos expuestos cuando crecíamos, ellos han estado expuestos a mucho más. Tienen toda clase de aparatos electrónicos que compiten por su atención. Los oídos, los ojos y las mentes de algunos adultos jóvenes han estado llenos de algo más que del Señor por años. Cualquier cosa que capte sus ojos y oídos también captará sus mentes y corazones.

Los suicidios o matanzas sangrientas de adolescentes o adultos jóvenes comienzan como una semilla de una mentira que se planta en sus mentes a través de sus ojos u oídos, y supura y crece de manera silenciosa en las partes oscuras de su alma. Las emociones negativas como ira, sufrimiento, rechazo, temor, ansiedad y soledad abastecen y alimentan la mentira para que pueda crecer hasta que están fuera de control. Una persona que cree que la rechazan llegará a sufrir, a tener ansiedad y temor, luego, se sentirá sola y aislada y, al final, sentirá ira. Todos estos aspectos de su personalidad harán que la gente los rechace aun más. Por lo que la mentira crece hasta que se convierte en algo no solo autodestructivo, sino que destruye a otros también.

Nuestros hijos adultos pueden tener mentiras que se reproducen en sus mentes y que limitan su capacidad de pensar de manera clara y concienzuda de sí mismos y de sus circunstancias. Pueden acabar creyendo mentiras como:

1. No le caigo bien a nadie.
2. La gente que quiero que me acepte me rechaza.
3. No puedo hacer nada bueno.
4. No soy bueno en nada.
5. Soy un fracaso.
6. A nadie le importo.
7. No importa lo que haga.
8. No hay nada que pueda hacer para cambiar las cosas.
9. Dios no escucha mis oraciones.
10. No le importo a Dios.

Cuando tus hijos adultos tienen pensamientos negativos y creen mentiras como las anteriores, estos pensamientos pueden empujarlos hacia lo mismo que temen: el fracaso y el rechazo. Tenemos que orar para que los ojos de nuestros hijos adultos se abran de tal manera que vean que esta clase de pensamientos no es la revelación de Dios para sus vidas. El enemigo es el que les dice mentiras a sus almas y ellos las están aceptando como verdad.

Estos pensamientos parecen ser inofensivos al principio, pero cuando se sostienen a la luz de la verdad de Dios en su Palabra, la mentira queda expuesta por lo que es. Una de las tácticas del enemigo es tratar de robarle la verdad de Dios a tus hijos adultos al hacerlos cuestionar la Biblia. Pondrá contradicciones en sus mentes sobre la confiabilidad de la Palabra de Dios. «¿Es la Biblia realmente inspirada por Dios o solo por hombres?» «¿Dios quiere decir eso en realidad?» No se dan cuenta de que a lo que los están arrastrando mentalmente es del enemigo. «Hay camino que al hombre le parece derecho, pero su fin es camino de muerte» (Proverbios 14:12). Creen que son de mente abierta cuando cuestionan la Palabra de Dios. La pregunta es: ¿mente abierta a qué? ¿Y a quién? Muy a menudo, un hijo adulto está dispuesto a la *intrusión* del enemigo a su mente en lugar de la *infusión* de Dios a todo su cuerpo.

Cosas que son ciertas acerca de la mente de un creyente

Todos los pecados comienzan con un pensamiento en la mente. «Porque de dentro, del corazón de los hombres, salen los malos pensamientos, los adulterios, las fornicaciones, los homicidios, los hurtos, las avaricias, las maldades, el engaño, la lascivia, la envidia, la maledicencia, la soberbia, la insensatez» (Marcos 7:21-22). Si no tomamos el control de nuestra mente, el diablo lo hará. Lo mismo es cierto para nuestros hijos adultos, solo que tienen que luchar con más fuerza para resistirlo. Nuestra generación tenía que buscar el pecado si estaba dispuesta a hacerlo. A nuestros hijos adultos se lo arrojan a la cara todos los días, y tienen que esquivarlo o hacer todo lo posible por superarlo. Necesitan la ayuda y la autoridad del Señor y nuestras oraciones. La oración por tus hijos adultos puede silenciar la voz del enemigo de sus almas y ayudarlos a identificar y controlar mejor los pensamientos que permiten que entren a su mente.

Tres cosas que son ciertas acerca de la mente de un creyente
1. Dios da a cada uno de nosotros una mente sana.
2. El enemigo quiere destruir nuestras mentes sanas con sus mentiras.
3. Tenemos una opción en cuanto a lo que permitimos que entre a nuestras mentes. Podemos controlar lo que pensamos.

Tres puntos de oración por las mentes de nuestros hijos adultos
1. Ora para que tus hijos adultos no tengan nada menos que la mente sana que les ha dado Dios.
2. Ora para que el enemigo de sus almas no pueda llenar sus mentes con mentiras que los oprima de manera mental y emocional.

3. Ora para que tus hijos adultos tomen las decisiones adecuadas en cuanto a lo que dejan entrar en sus mentes.

No tratamos de practicar alguna clase de ejercicio de control mental aquí. Estamos haciendo algunos ejercicios para que Dios tenga el control. A través de nuestras oraciones queremos erigir una barrera en contra de cualquier cosa que se oponga a las mentes sanas que Dios nos da a todos.

Conozco a una hija adulta (en realidad, he conocido a algunos hijos adultos similares) que creía muchas mentiras acerca de sí misma. Sentía que ningún hombre la querría por eso. Si la conocieras y hablaras con ella, sabrías que nada de eso es cierto y te sorprendería saber que hasta creía esas cosas de sí misma. Sin embargo, esas creencias le impidieron que siguiera adelante con su vida por mucho tiempo. Evitaron que tuviera esperanzas, por lo que llegó a estar deprimida, reprimida y aislada. Esperaba fracasar y que la rechazaran porque le parecía que todo lo que hacía terminaba como un fracaso.

Cuando su madre la invitó a un grupo de oración semanal, comenzaron a orar por ella con regularidad para que se rompiera el control de esos pensamientos negativos, perturbadores y de derrota. Oraron para que sus ojos se abrieran a la verdad y que las mentiras que el enemigo puso en su mente y su corazón quedaran al descubierto y se resquebrajara su poder. Oraron para que se liberara de manera que escuchara del Espíritu Santo la verdad de sí misma.

Las respuestas a estas oraciones no surgieron de la noche a la mañana, pero todos esos pensamientos negativos y la aceptación de las mentiras de sí misma se interrumpieron al final y ella comenzó a cambiar. Llegó a ser más accesible, sociable y feliz. Comenzó a pensar menos en sí misma y más en los demás. Cosas buenas empezaron a ocurrirle y las puertas se abrieron a una nueva y mejor carrera. Ahora tiene esperanzas en su vida y es feliz con la persona que Dios hizo que fuera.

Demasiados hijos adultos se le parecen. Y sin apoyo de oración y sin poder identificar las mentiras, seguirán creyendo que las mentiras del enemigo son ciertas y que la verdad de la Palabra de Dios es mentira.

El diablo aun puede oprimir las mentes y las emociones de los hijos adultos educados para ser pensadores muy sólidos y rectos. Conozco a un joven que se crió en un hogar cristiano sólido y que mantuvo pensamientos suicidas porque la joven con quien consideraba en serio casarse rompió su relación. El rechazo es difícil de aceptar, en particular de alguien importante en la vida, pero el enemigo puede entrar en esa clase de situación e inyectar pensamientos autodestructivos.

Como es natural, no queremos destruirnos. Nos crearon para preservación. Dios nos creó con el deseo de permanecer vivos. El enemigo es el que llega y ciega nuestros ojos para que pensemos que no hay otra salida y que el suicidio es la única opción. Claro, este es un ejemplo extremo, pero no el más extremo. Los más extremos son los que matan a otros y, *luego*, toman sus propias vidas. Con esto no quiero decir que tu hijo adulto alguna vez caerá en la categoría de considerar el suicidio por alguna razón, sino que el enemigo del alma de tu hijo adulto siempre tratará de llevarlo a ese punto. Y por eso es que tenemos que orar por nuestros hijos adultos, a fin de que estén libres de toda opresión del enemigo.

Ora para que tus hijos adultos tomen buenas decisiones sobre lo que dejan entrar a sus mentes

Todos tenemos una opción en cuanto a lo que dejamos entrar a nuestra mente. Ora para que tu hijo adulto lo comprenda y tome buenas decisiones. Repito, los primeros cinco capítulos de este libro harán esto. Si Dios responde esas oraciones por tus hijos adultos y derrama su Espíritu en ellos, los acerca a sí mismo y a sus caminos, hace que su Palabra cobre vida en sus corazones, les da sabiduría y discernimiento, los libera de cualquier cosa que impida que lleguen a ser lo que Él quiere que sean, y les da el significado de su propósito para sus vidas, es más probable que tomen buenas decisiones en cuanto a lo que dejan entrar a sus mentes.

Debido al terrible asalto a sus mentes, nuestros hijos adultos necesitan el refuerzo que pueden darles nuestras oraciones. Un hijo adulto que tiene una mente clara y está libre de emociones negativas puede lograr grandes cosas.

Cómo se deshace una mala actitud

Una mala actitud es algo que la gente puede tener sin siquiera darse cuenta. Una persona piensa que solo tiene pensamientos internos privados, pero la gente percibe las actitudes, aunque no sepa con exactitud de qué se trata.

Una hija adulta me contó que batallaba con tener una actitud crítica hacia los demás. Dijo que encontrar errores en otros le hacía sentirse mejor consigo misma. Era un mecanismo de defensa donde se edificaba mientras destrozaba a los demás en su mente. Aunque nunca expresaba su crítica, invadió su personalidad y ocasionó una división entre ella y los demás, limitando sus amistades. Le dije que orara todos los días y le pidiera a Dios que la liberara de esto y la ayudara a sentirse mejor en cuanto a sí misma y más capaz de apreciar a los demás.

Mientras oraba, el Espíritu Santo le mostró lo orgullosa y mezquina que era. Vio cómo su actitud no era agradable a Dios, y que Él no bendeciría un espíritu crítico. Al final, se liberó de esa terrible actitud crítica, que la estaba destruyendo, y su conducta cambió por completo. La gente ahora se siente cómoda a su lado, y ella tiene la clase de amistades cercanas que siempre quiso y que antes no podía mantener.

Una de las cosas que podemos hacer para ayudar a que nuestros hijos adultos se liberen de actitudes negativas es que nosotros mismos nos liberemos. (¿Recuerdas que hablé de los padres que se liberaban en el capítulo 4?) Si podemos deshacernos de nuestra ira, ansiedad, temor, orgullo o espíritu crítico, todo lo que contribuye a una mala actitud, preparamos el terreno para que nuestros hijos adultos reconozcan sus malas actitudes y también se liberen de ellas. Si somos esclavos de cualquier clase de emoción negativa, nuestros hijos adultos pueden captarlo. Si nos deshacemos de las malas actitudes, los malos pensamientos o las emociones negativas ahora, ellos pueden ser beneficiarios de eso en este momento también.

El hecho de que Jesús murió y resucitó nos garantiza una herencia común con Él, y todo lo que Dios el Padre tiene para sus hijos que creen en Él y reciben a Jesús como su Salvador. Es decir, nosotros. La herencia eterna que recibimos de nuestro Padre celestial es, a fin de cuentas, una vida gloriosa con Él para siempre. Sin embargo, también heredamos su bondad, gracia, amor, paz, gozo y poder ahora mismo. Heredamos su mente sana y su libertad de emociones negativas. Y también nuestros hijos adultos. El hecho de que estén dispuestos a recibir todo eso depende de que sus corazones sean sensibles a las cosas de Dios y que reconozcan todo lo que Él tiene para ellos. Por eso es que debemos orar por nuestros hijos, de manera que escuchen a Dios y estén dispuestos a que el Espíritu obre en sus vidas.

Conozco a una madre que tenía mucho miedo de todo mientras criaba a sus hijos. Su hija ahora le teme a todo mientras cría a los suyos. Una cosa es tener miedo de que algo malo le ocurra a tu hijo, todo padre siente eso en algún grado, pero cuando el miedo te paraliza y controla tu vida, haciendo que tú y los demás que te rodean sean desdichados, ha llegado a ser un «espíritu de temor». Tanto la madre como la hija son creyentes, pero nunca han conocido la libertad en Cristo en este aspecto. No entienden que el temor es un espíritu que atormenta. El temor que se apodera de tu vida nunca es de Dios. Si esta madre le pidiera a Dios que la liberara de todo el temor, Él lo haría. Y esto, a cambio, ayudaría a su hija a creer que el poder liberador de Dios la liberará también del temor.

Tenemos que pedirle a Dios que *nos* libere de cualquier actitud negativa y que nos ayude a ver nuestras vidas desde su perspectiva.

—〰—

CINCO EMOCIONES NEGATIVAS Y ACTITUDES MALAS A EVITAR

1. *Ora para que tu hijo adulto no tenga orgullo.* «La soberbia del hombre le abate; pero al humilde de espíritu sustenta la honra» (Proverbios 29:23). El orgullo tiene consecuencias inherentes y derribará a tu hijo adulto más rápido que cualquier otra cosa. El orgullo derribó a Satanás, y así será con cualquier otra persona. Eso se debe a que Dios odia el orgullo. «Dios *resiste* a los soberbios, y da gracia a los humildes» (Santiago 4:6). Ora para que el orgullo no se apodere de tus hijos adultos y destruya sus vidas.

2. *Ora para que tu hijo adulto no tenga temor.* «Porque no nos ha dado Dios espíritu de cobardía, sino de poder, de amor y de dominio propio» (2 Timoteo 1:7). El temor no viene del Señor. Es un espíritu del campamento del enemigo. Dios nos da amor, poder y solidez de mente. Dios dice: «El perfecto amor echa fuera el temor» (1 Juan 4:18). Ora para que el perfecto amor de Dios en el corazón y el alma de tu hijo adulto evapore todo temor en su mente, de modo que pueda disfrutar del amor, el poder y la solidez de mente que Dios tiene para él.

3. *Ora para que tu hijo adulto no tenga ira.* «El hombre iracundo levanta contiendas, y el furioso muchas veces peca» (Proverbios 29:22). Una persona que le da lugar a la ira siempre provocará contiendas en cada relación con sus acciones o palabras. Hasta la gente con la que *no* está enojada percibirá un espíritu airado y se sentirá incómoda. Ora para que tu hijo adulto nunca le dé lugar a la ira.

4. *Ora para que tu hijo adulto no tenga ansiedad*. «La congoja en el corazón del hombre lo abate; mas la buena palabra lo alegra» (Proverbios 12:25). La preocupación y la ansiedad agotan nuestras vidas. Dios no nos creó para que vivamos con ansiedad. Él dice que no debemos estar ansiosos por *nada*, pero que lo busquemos en oración en *todo* para que podamos tener paz (Filipenses 4:6-7). Ora para que tu hijo adulto pueda hacer justo eso, a fin de que no tenga ansiedad ni depresión.

5. *Ora para que tu hijo adulto no tenga un corazón quebrantado*. «Él sana a los quebrantados de corazón, y venda sus heridas» (Salmo 147:3). Hay sanidad para el que tenga el corazón quebrantado y el alma herida. Tener el corazón quebrantado es terriblemente dañino, sobre todo si no se invita a Dios para que lo restablezca y sane. Ora para que tu hijo adulto sane de cualquier quebrantamiento de corazón que experimente. Sin esa sanidad, puede desarrollar una actitud de autocompasión o autoprotección.

Hay muchas otras emociones negativas como: desesperanza, inseguridad, confusión, duda, depresión y soledad que requieren del toque sanador de Dios. Pídele al Señor que te muestre cualquier emoción negativa o actitud equivocada que tu hijo adulto tenga y ora por él para que se libere de eso.

La alabanza sana la mente, las emociones y las actitudes

Una de las cosas más poderosas que podemos hacer en nuestra vida para deshacernos de emociones negativas, confusión en nuestra mente y actitudes malas, es adorar y alabar a Dios. No importa lo que esté pasando en nuestra vida o en la vida de nuestros hijos adultos, Dios siempre es digno de nuestra alabanza. La alabanza invita a que su presencia reine en nuestro medio. Además, la transformación se encuentra en la presencia de Dios.

Es importante recordar las cosas buenas que Dios ha hecho en nuestras vidas y también recordárselas a nuestros hijos adultos. Eso los ayudará a comunicarse con la bondad de Dios y morarán en ella. En el libro de Ester se dice que los judíos decidieron recordar con regularidad y celebrar cómo derrotaron a sus enemigos: «Estos días serían recordados y celebrados por todas las generaciones, *familias* [...] y que su descendencia jamás dejaría de recordarlos» (Ester 9:28, énfasis añadido). Los padres de hijos adultos tenemos que hacer lo mismo. Tenemos que dar gracias con franqueza y alabar a Dios por las grandes cosas que ha hecho en nuestras vidas. «Generación a generación celebrará tus obras, y anunciará tus poderosos hechos» (Salmo 145:4). Tenemos que contarles cómo Dios nos liberó del enemigo de nuestras almas y mentes, y cómo puede hacer lo mismo por ellos.

Además de eso, es bueno hablarles a tus hijos adultos de las consecuencias del pecado en la vida de la gente, cuando ves lo que ocurre en el mundo. Del mismo modo que Dios habló por medio de Joel, diciendo: «De esto contaréis a vuestros hijos, y vuestros hijos a sus hijos, y sus hijos a la otra generación» (Joel 1:3). Tienen que saber que el pecado abre la puerta a los ataques del enemigo. Aun así, recuérdales las promesas de Dios en su Palabra para hacernos volver del pecado y que podamos encontrar sanidad y restauración. Cuando puedas, háblales a tus hijos adultos de la Palabra de Dios. Si están preocupados, diles que ninguna arma forjada en su contra prosperará cuando vivan en los caminos de Dios (Isaías 54:17).

Es posible que ya no tengas autoridad sobre tus hijos, pero sí tienes autoridad sobre todo el poder del enemigo. Los pensamientos negativos, las emociones y las actitudes pueden ser una táctica del enemigo para destruir a una persona, causándole un tormento en el alma que es muy real y serio. Y una persona puede invitar a propósito al enemigo con su propia desobediencia y rebeldía. La rebeldía comienza como una mala actitud que nunca se corrige. Llega a establecerse cada vez más a medida que se le da lugar en la vida a cada momento. La Biblia dice que la rebeldía es como «pecado de adivinación» (1 Samuel 15:23). La rebeldía es el camino a la destrucción personal. Una buena actitud no tiene rebeldía en absoluto. Ora para que tu hijo adulto se resista a una actitud rebelde y, en su lugar, tenga un espíritu de alabanza y adoración.

Ten en mente que Dios *en nosotros* es mucho mayor que el enemigo y sus planes. «Hijitos, vosotros sois de Dios, y los habéis vencido; porque mayor es el que está *en vosotros*, que el que está en el mundo» (1 Juan 4:4, énfasis añadido). Siempre tenemos que recordarles esto a nuestros hijos adultos, y orar para que esta verdad se arraigue en sus corazones. Recuérdales que como somos creyentes, «tenemos la mente de Cristo» (1 Corintios 2:16). Ora para que no se conformen con nada menos.

―⁓―

⮾ EL PODER DE LA ORACIÓN ⮾

SEÑOR, TE PIDO QUE ayudes a (nombre de tu hijo adulto) para que pueda tomar el control de su mente y sus emociones. Permite que lleve todo pensamiento cautivo (2 Corintios 10:5). Ayúdalo a que no abrigue cualquier pensamiento que llegue a su cabeza, sino que tenga el discernimiento para reconocer la voz del enemigo que le dice mentiras. Quita todo engaño para que no acepte una mentira como verdad. Ayúdalo a reconocer con claridad el engaño del enemigo con el propósito de destruirlo.

Dale la capacidad para resistirse a llenar su mente con cualquier cosa que no te glorifique. Ayúdalo a rechazar libros, revistas, música, películas e imágenes perversas que no edifican de la Internet y la televisión. Ayúdalo a que en lugar de eso llene su mente con pensamientos que te agraden. Ayúdalo a pensar en cosas que sean verdaderas, honestas, justas, puras, amables (Filipenses 4:8). Ayúdalo a que piense en «todo lo digno de admiración, en fin, todo lo que sea excelente o merezca elogio» (Filipenses 4:8, NVI).

Te pido que mi hijo adulto pueda resistir cualquier intento del enemigo de atormentar su mente con emociones y pensamientos negativos. Ayúdalo a escoger el amor, el poder y la mente sana que le has dado. Haz desaparecer cualquier nube oscura de emociones negativas que revolotean a su alrededor. Libéralo de toda confusión y dale claridad de mente. Que el sentir de Cristo esté en él (Filipenses 2:5). Ayúdalo a renovarse en el espíritu de su mente (Efesios 4:23).

Deshace todo orgullo y trae humildad. Quita la rebelión y trae arrepentimiento. Quita toda ansiedad y preocupación y da paz. Dale fe para sustituir toda duda. Da tu gozo donde haya tristeza o depresión. Dale la confianza en ti que sustituya toda inseguridad en su interior. Dale la paz, la paciencia y el perdón que puedan suplir toda la ira. Dale tu amor que deshace todo el temor. Dale tu presencia para borrar toda soledad.

Te pido que le des sabiduría en cuanto a lo que deja entrar a su mente. Dale gran discernimiento para que los límites entre el bien y el mal se vean con claridad. Comunícale cuando se haya pasado del límite y que su espíritu se entristezca de la manera en que se entristece el tuyo. Te pido que su mente sea captada por ti. Cuando su mente y sus emociones las capten cualquier otra cosa que no seas tú, te pido que le permitas silenciar la voz del enemigo hablándole tu verdad. Enséñale a alabarte y adorarte hasta que escuche tu voz que le habla con claridad a su alma.

Si alguna vez a mi hijo adulto lo han ridiculizado, humillado o le han hecho sentir menos del plan que tienes para él, te pido que sanes esas heridas y que borres las cicatrices. Impide que quede preso o restringido por sus malos recuerdos. Si he dicho o he hecho algo que haga que mi hijo adulto se sienta menos de lo que tú quisiste que fuera, te pido perdón. Ayúdame a perdonarme y permite que mi hijo adulto también me perdone. Si he tenido emociones negativas que han ocasionado que mi hijo sea susceptible a lo mismo, te pido que ambos quedemos libres de eso.

Sé que «la muerte y la vida están en poder de la lengua» (Proverbios 18:21), por lo que te pido que me ayudes a siempre hablar palabras de vida a la mente y el corazón de mi hijo adulto cuando hablo con él. Permíteme edificarlo y amarlo de maneras que lo pueda percibir. Ayúdame a recordarle todas las cosas buenas que Dios ha hecho en su vida.

Señor, acerca a mi hijo adulto a tu Palabra para que pueda discernir «los pensamientos y las intenciones del corazón» cada vez que la lea (Hebreos 4:12). Revélale cualquier creencia o pensamiento equivocado. Ayúdalo a tener siempre la «mente de Cristo» (1 Corintios 2:16).

Cuando mis hijos adultos batallen en sus mentes o emociones, te pido que extiendas paz en su vida como un río (Isaías 66:12). Por mis hijos adultos te ruego que «la paz de Dios, que sobrepasa todo entendimiento, guardará vuestros corazones y vuestros pensamientos en Cristo Jesús» (Filipenses 4:7). «Y la paz de Dios gobierne en vuestros corazones [...] y sed agradecidos» (Colosenses 3:15).

Te lo pido en el nombre de Jesús.

~⚬ El poder de la Palabra ⚬~

No os conforméis a este siglo, sino transformaos por medio de
la renovación de vuestro entendimiento, para que comprobéis
cuál sea la buena voluntad de Dios, agradable y perfecta.
ROMANOS 12:2

Haya, pues, en vosotros este sentir que hubo
también en Cristo Jesús.
FILIPENSES 2:5

Esto, pues, digo y requiero en el Señor: que ya no andéis
como los otros gentiles, que andan en la vanidad de su mente,
teniendo el entendimiento entenebrecido, ajenos de la vida de
Dios por la ignorancia que en ellos hay,
por la dureza de su corazón.
EFESIOS 4:17-18

Tú guardarás en completa paz a aquel cuyo pensamiento
en ti persevera; porque en ti ha confiado.
ISAÍAS 26:3

Por nada estéis afanosos, sino sean conocidas vuestras peticiones
delante de Dios en toda oración y ruego, con acción de gracias.
Y la paz de Dios, que sobrepasa todo entendimiento, guardará
vuestros corazones y vuestros pensamientos en Cristo Jesús.
FILIPENSES 4:6-7

8

Ora para que tus hijos adultos

RESISTAN LAS MALAS INFLUENCIAS
Y EL COMPORTAMIENTO
DESTRUCTIVO

—⁓—

ualquiera que camina en esta cultura se topará con las
malas influencias. A menos que sea un solitario total, es
imposible que no sea así. Si tus hijos adultos no se cuidan a
sabiendas y no están alertas, en sus mentes y corazones pueden
descargar virus sociales y espirituales que pueden dañar sus vidas
antes de que siquiera se den cuenta de que está sucediendo.

Cuando las malas influencias agobian a nuestros hijos adultos, pueden llegar a quedar atrapados con un comportamiento
destructivo por cosas como el alcohol, las drogas, los trastornos
alimenticios, la promiscuidad, la pornografía y mucho más
que puede destruir sus vidas. Solía ser que los chicos malos de
familias malas hacían cosas malas y se metían en problemas
serios. Ahora pueden ser que los chicos buenos, de familias
buenas, sean los seducidos a hacer cosas terribles y destructivas.

No importa lo buen padre que seas, el lado oscuro de la
cultura actual puede aún influir en tus hijos adultos. Debemos
tener en mente que la atracción magnética de las fuerzas del
mal de este mundo es fuerte y presenta una batalla constante

para nuestros hijos. Tenemos que orar sin cesar para que sean lo bastante fuertes como para resistir esta intrusión implacable del enemigo en sus vidas.

Antes, en este libro, hablé del poderoso versículo de las Escrituras que dice que todos nuestros hijos serán enseñados por el Señor (Isaías 54:13). Unos cuantos versículos después habla de los que creemos que *«ninguna arma forjada contra ti prosperará* [...]. *Esta es la herencia de los siervos de Jehová,* y su salvación de mí vendrá, dijo Jehová» (Isaías 54:17, énfasis añadido). Esto vale la pena repetirlo para que no lo olvidemos.

Heredamos nuestra justicia del *Señor. Él* es nuestra justicia. Y esa justicia combate las influencias del mal. Sin embargo, la justicia no ocurre de la nada y sin oración. Primero, tenemos que orar para recibir a Jesús y su justicia. Luego, tenemos que orar para recibir *todo* lo que Dios tiene para nosotros. No estamos orando para *ganar* algo; estamos orando para *recibir* algo. Sin la oración, que es comunicarse con Dios, no ocurren estas cosas. No podemos dar por sentado que ninguna arma forjada en contra nuestra prosperará, porque créeme que prosperará. Las promesas de Dios no ocurren de manera automática sin que nosotros hagamos nuestra parte. Si no oramos, el enemigo está a la espera para atacar y destruir.

Jesús sabía que Satanás estaba atacando a Simón Pedro, y por eso oró para que Pedro tuviera fe para resistir. «Simón, Simón, he aquí Satanás os ha pedido para zarandearos como a trigo; pero yo he rogado por ti, *para que tu fe no falte*» (Lucas 22:31-32, énfasis añadido). Jesús pudo haber dicho: «Vete, Satanás» y acabar con eso, pero reconoció que tener *fe* y *resistir* era parte de la responsabilidad de Pedro. Si Jesús tuvo que orar para que la fe de su discípulo no fallara en medio del ataque de Satanás, ¿cuánto más necesitamos nosotros orar para que la fe de nuestros hijos adultos no falle cuando *los* atacan? Cuando el enemigo llega a tentarlos para que se aparten de lo que Dios les tiene reservado, podemos orar por ellos para que tengan una fe fuerte en Dios y en su poder.

Jesús instruyó a sus discípulos: «Orad que no entréis en tentación» (Lucas 22:40). Tenemos que instruir a nuestros hijos de la misma manera. Deberíamos reprender al enemigo, de parte de ellos y en el nombre de Jesús, pero nuestros hijos también tienen que tener una fe fuerte para orar y para que se resistan a la tentación y a cualquier cosa que les lance el enemigo.

Las influencias del mal pueden enfrentar hasta al creyente más comprometido. Jesús oró por la protección de sus discípulos del enemigo. Le dijo a su Padre celestial: «No ruego que los quites del mundo, sino que los guardes del mal» (Juan 17:15). Los discípulos habían caminado con Jesús durante tres años, habían visto sus milagros y habían escuchado su predicación y enseñanza de la Palabra de Dios acerca del reino del Padre, aun así, todavía necesitaban que se orara por ellos para que se les protegiera del enemigo.

Jesús no les dijo a sus discípulos: «Les enseñé lo mejor que pude, pero ahora están por su cuenta, así que buena suerte». Aunque Jesús preparó a sus discípulos, todavía oró que los guardara del mal. Los padres no debemos hacer menos que eso. Debemos orar: «Señor, protege a mis hijos del mal».

Cuando no es su culpa

Cuando el mal penetra en la vida de tu hijo adulto y pasan cosas malas que no son su culpa, porque ha estado viviendo en los caminos del Señor, ten la seguridad que el Señor lo bendecirá en medio de ella. La historia de José es el perfecto ejemplo de eso. Su historia de la experiencia del mal *para* ti es lo peor que puede pasar, pero Dios redimió su situación por completo.

Debido a los celos y el mal en los corazones de sus hermanos, vendieron a José como esclavo y lo llevaron a Egipto. Sin embargo, como José era piadoso y fiel, Dios obró en todo el mal que le sobrevino. Lo más importante y cierto en José fue *que el Señor estuvo con él*. Otros vieron eso y lo recompensaron. *«Mas Jehová estaba con José* [...] Y vio su amo que *Jehová estaba con él*, y que todo lo que él hacía, *Jehová lo hacía prosperar* en su mano. Así halló José gracia en sus ojos, y le servía; y él le hizo mayordomo de su casa y entregó en su poder todo lo que tenía» (Génesis 39:2-4, énfasis añadido). Desde entonces, «Jehová bendijo la casa del egipcio a causa de José, y la bendición de Jehová estaba sobre todo lo que tenía, así en casa como en el campo» (Génesis 39:5).

No obstante, repito, José fue víctima del mal y del pecado de otra persona.

La esposa del amo de José trató de seducirlo, pero él hizo lo apropiado y se negó a hacer algo malo a los ojos de Dios. Entonces la mujer mintió y lo acusó de intentar abusar de ella, y a José lo metieron en la cárcel (Génesis 39:11-20). Aun así, en la cárcel, «Jehová estaba con José y *le extendió su misericordia*, y *le dio gracia* en los ojos del jefe de la cárcel [...] *Porque Jehová estaba con José, y lo que él hacía, Jehová lo prosperaba*» (Génesis 39:21, 23, énfasis añadido).

Cuando el mal le llegó a José, se negó a comprometer las leyes de Dios, por lo que el Señor estuvo a su lado en todo lo que hizo. Dios no solo dio un giro a favor de José, sino que a la larga hizo que lo ascendieran como el segundo al mando en todo Egipto. Al final, perdonó por completo a sus hermanos y salvó a su familia del desastre. Les dijo a los hermanos, que estaban muy arrepentidos por lo que hicieron: «Vosotros pensasteis mal contra mí, mas Dios lo encaminó a bien» (Génesis 50:20). No era la voluntad de Dios ver que a José lo hicieran esclavo, que lo acusaran con falsedades y que lo metieran en la cárcel, pero Dios obró en la situación para prosperarlo y, por último, ubicarlo a fin de que realizara el trabajo para el que le crearon.

Si tu hijo adulto está soportando un castigo inmerecido, o está pasando alguna clase de dificultad por el mal o el pecado de otros, ora para que no se vuelva en contra del Señor, sino que, en su lugar, se acerque a Él y lo alabe en medio de la situación. Ora que sea firme en los caminos del Señor, para que Dios lo prospere y bendiga. Dios obra con poder en medio de un corazón obediente y agradecido para hacer un giro en las cosas y realizar un milagro. Pídele a Dios que obre a través de la situación difícil de tu hijo adulto y use el mal hecho en su contra para bien. Sobre todo, ora para que tu hijo adulto siempre haga lo bueno, sin importar lo injusta que parezca la vida.

Si tu hijo adulto está pagando un precio muy alto ahora por el mal y el pecado de otra persona, entiende que en la Biblia el pueblo de Dios «halló gracia en el desierto» (Jeremías 31:2). Ora para que tu hijo adulto no solo sobreviva las consecuencias injustas, sino que mientras pasa por esto, también encuentre la gracia de Dios, aunque sea una situación terrible que parezca estar desprovista de vida.

Jesús era inocente y oró para no tener que pasar por lo que le esperaba. Sin embargo, también oró para que se hiciera la voluntad de Dios y no la suya (Lucas 22:42). Cuando rindió su voluntad a su Padre celestial, «se le apareció un ángel del cielo para fortalecerle» (Lucas 22:43). La fortaleza le llegó del cielo para que pudiera pasar por lo que tenía delante. Pídele a Dios que envíe fortaleza del cielo para ayudar a tu hijo adulto a superar lo que está enfrentando.

Cuando *es* su culpa

Si tu hijo adulto está teniendo que enfrentar algunas consecuencias severas por *no* resistirse a las influencias del mal y al comportamiento destructivo, ora para que aprenda la lección que necesita sin que sea destruido. Ora para que no le importe a lo que tiene que enfrentarse como resultado de sus acciones y que Dios lo fortalezca al hacerlo. Ora para que se sienta arrepentido y se rinda a la voluntad de Dios por completo. Dios recompensa el corazón humilde, arrepentido y sumiso. No importa lo que pase, tu hijo adulto tiene un futuro de propósito que bien vale la pena orar por eso ahora.

El primer hijo de Adán y Eva fue Caín y el segundo fue Abel. Dios no le agradaba que Caín le ofreciera sacrificio porque de seguro era acto de desobediencia. Caín se enojó por eso, pero Dios le dijo: «¿Por qué te enojas? Si hicieras lo bueno, hallarías favor conmigo. Pero si *no haces* lo bueno, el pecado te espera. Así que tú deberías controlarlo» (Génesis 4:6-7, parafraseado).

Dios le dio a Caín una opción. Podía elegir hacer lo bueno y controlar el pecado, y de ese modo complacer a Dios. O podía elegir *no* hacer lo bueno y permitir que lo controlaran sus celos (pecado), ira (pecado) y venganza (pecado). Él escogió lo último y mató a su hermano Abel en un arrebato de celos. Cuando Dios le preguntó a Caín qué le sucedió a su hermano, Caín mintió y dijo que no sabía. Mentir a Dios no es una buena idea. Sobre todo porque Él ya sabe la verdad. Lo único que Dios quiere saber cuando hace una pregunta es cómo *decides* responderla. Qué malo que Caín no entendiera eso.

Después que Caín mintió, Dios le dijo que desde ese día en adelante tendría la maldición de ser fugitivo. Sin embargo, Dios, en su misericordia, no permitiría que nadie lo destruyera. En su lugar, Dios permitió que Caín, un hijo adulto que asesinó a su propio hermano, pudiera seguir adelante y tuviera una familia con hijos, nietos y bisnietos. Dios lo castigó, pero no abandonó a Caín del todo. Todavía hubo muchas bendiciones en su vida, incluso después de su terrible pecado.

No podemos abandonar a nuestros hijos tampoco, sin importar lo que hayan hecho. Por supuesto que no vamos a excusar ni apañar sus acciones, ni permitir que sigan con sus pecados, ni cubrirlos para que no tengan que sufrir ninguna consecuencia, y no vamos a dejar de orar por ellos. Tenemos que seguir creyendo en el potencial que Dios ha puesto en sus vidas, aunque no podamos verlo en ese momento.

Ora por un espíritu humilde, arrepentido y enseñable en tu hijo adulto.

El rey David hizo muchas cosas malas. Cometió adulterio y asesinato. Mintió y cometió errores terribles de discernimiento. Además, no pudo controlar su propia casa ni a sus hijos. Aun así, Dios dijo de David que era un «varón conforme a mi corazón, quien hará todo lo que yo quiero» (Hechos 13:22). Es obvio que «Jehová mira el corazón» (1 Samuel 16:7).

No era que David nunca hubiera hecho nada malo, ni que nunca hubiera cometido ni un error, sino que era rápido para humillarse ante el Señor y arrepentirse. Y debido a que tenía un corazón enseñable, aprendió de todos sus errores y mal juicio, y cambiaba su comportamiento. Pagó un precio por cada pecado, aun así, no rechazó la corrección del Señor. «No menosprecies, hijo mío, el castigo de Jehová, ni te fatigues de su corrección; porque Jehová al que ama castiga, como el padre al hijo a quien quiere» (Proverbios 3:11-12).

Estas historias demuestran que el amor y la gracia de Dios están allí para nuestros hijos adultos, sin importar lo que hayan hecho, a fin de darles redención y restauración. Y así es que debemos orar: por un corazón arrepentido y una transformación en las vidas de nuestros hijos adultos. También debemos darle gracias a Dios por su gracia que *nos da más* de lo que merecemos y *no* nos *castiga* como merecemos.

—m—

Siete maneras de orar para que tu hijo adulto resista las malas influencias

1. *Ora para que Dios abra los ojos de tu hijo adulto de modo que vea la verdad y que no lo ciegue el enemigo.* «Pero si nuestro evangelio está aún encubierto, entre los que se pierden está encubierto; en los cuales el dios de este siglo cegó el entendimiento de los incrédulos, para que no les resplandezca la luz del evangelio de la gloria de Cristo, el cual es la imagen de Dios» (2 Corintios 4:3-4).

2. *Ora para que tu hijo adulto pueda escuchar la voz de Dios que lo guía.* «Entonces tus oídos oirán a tus

espaldas palabra que diga: Este es el camino, andad
por él; y no echéis a la mano derecha, ni tampoco
torzáis a la mano izquierda» (Isaías 30:21).

3. *Ora para que el corazón de tu hijo adulto sea lleno de
   sabiduría y conocimiento.* «Cuando la sabiduría entrare
   en tu corazón, y la ciencia fuere grata a tu alma, la
   discreción te guardará; te preservará la inteligencia,
   para librarte del mal camino» (Proverbios 2:10-12).

4. *Ora para que el corazón de tu hijo adulto se aparte del
   mal.* «Quizá oiga la casa de Judá todo el mal que yo
   pienso hacerles, y se arrepienta cada uno de su mal
   camino, y yo perdonaré su maldad y su pecado»
   (Jeremías 36:3).

5. *Ora para que tu hijo adulto entienda que está en una
   batalla espiritual.* «Porque no tenemos lucha contra
   sangre y carne, sino contra principados, contra
   potestades, contra los gobernadores de las tinieblas
   de este siglo, contra huestes espirituales de maldad en
   las regiones celestes» (Efesios 6:12).

6. *Ora para que las pruebas de tu hijo adulto lo hagan
   volverse a Dios.* «Me he consumido a fuerza de gemir;
   todas las noches inundo de llanto mi lecho, riego
   mi cama con mis lágrimas. Mis ojos están gastados
   de sufrir; se han envejecido a causa de todos mis
   angustiadores. Apartaos de mí, todos los hacedores
   de iniquidad; porque Jehová ha oído la voz de mi
   lloro. Jehová ha oído mi ruego; ha recibido Jehová mi
   oración» (Salmo 6:6-9).

7. *Ora para que tu hijo adulto aprenda a alabar a Dios
   por la sanidad y la liberación que Dios tiene para él.*
   «Envió su palabra, y los sanó, y los libró de su ruina.
   Alaben la misericordia de Jehová, y sus maravillas para

con los hijos de los hombres; ofrezcan sacrificios de alabanza, y publiquen sus obras con júbilo» (Salmo 107:20-22).

Si sientes que pierdes la batalla

Si tienes hijos adultos atrapados por las influencias del mal y un comportamiento destructivo, y siguen recayendo en ellos cuando se liberan, niégate a rendirte y a dejar de orar. Una y otra vez, la Biblia habla de cómo Dios liberó a su pueblo del enemigo. Dios *puede liberarnos* y promete *seguir librándonos*, y eso incluye a tus hijos adultos. El apóstol Pablo dijo: «Pero tuvimos en nosotros mismos sentencia de muerte, para que no confiásemos en nosotros mismos, sino en Dios que resucita a los muertos; el cual nos libró, y *nos libra*, y en quien esperamos que *aún nos librará*, de tan gran muerte; cooperando también vosotros a favor nuestro con la oración» (2 Corintios 1:9-11, énfasis añadido). Dios no detendrá el proceso de liberación y restauración, siempre y cuando nosotros y nuestros hijos adultos estemos dispuestos a seguir orando.

A veces podría parecer que mientras más oras todo empeora. Sin embargo, no puedes echarte para atrás. *Si el enemigo ha duplicado la intensidad, tú tienes que duplicar el fervor.* A menudo, la batalla se pone más intensa mientras más te acercas a la victoria. Así como una madre se olvida del dolor de dar a luz en el momento en que ve a su bebé recién nacido, cuando estás a punto de dar a luz la victoria tienes que seguir adelante en medio del dolor y continuar orando hasta que veas el nacimiento de tu respuesta a la oración. «Porque un momento será su ira, pero su favor dura toda la vida. Por la noche durará el lloro, y a la mañana vendrá la alegría» (Salmo 30:5). Piensa en el gozo del éxito que está por delante.

Dios no quiere que te desanimes, sino que seas un prisionero de la esperanza. En lugar de estar encadenado a la tristeza, el miedo, la desesperanza o el temor, deja que la esperanza en el

Señor alimente tu fe. Decide caminar por fe y no por vista. Toma el sueño que tienes para tu hijo adulto en tu corazón y declara que la victoria que ves para él ya se ganó en el nombre de Jesús.

Ora para que Dios se les revele a tus hijos adultos. Aunque Él no violará sus voluntades, cuando oras por ellos se invita al poder de Dios para que penetre en sus vidas. Dios tiene innumerables maneras en las que puede penetrar en sus corazones para que estén más dispuestos a su influencia.

Por encima de todo, no permitas que el enemigo te haga sentir que no eres apto para hacer una intercesión poderosa por tus hijos adultos, debido a los errores que cometiste en el pasado. Cualquier cosa que no hicieras, o que no pudiste hacer por flaquezas, incapacidades, limitaciones o cargas agobiantes humanas cuando criabas a tus hijos, hay una promesa de que Dios hará algo más que compensarte por eso, con el flujo de su Espíritu de gracia y poder que se mueve en las vidas de ellos. Tienes la autoridad de recurrir al Liberador en nombre de tus hijos adultos para que puedan encontrar la liberación que necesitan.

Recuerda que «a los que aman a Dios, todas las cosas les ayudan a bien, esto es, a los que conforme a su propósito son llamados» (Romanos 8:28). Recuerda también que los versículos anteriores a este hablan de la oración. Las cosas ayudan a bien *si estamos orando*. No olvides que «en todas estas cosas somos más que vencedores por medio de aquel que nos amó» (Romanos 8:37).

Dios está buscando gente que lo ame para que pueda ir a su rescate. «Porque los ojos de Jehová contemplan toda la tierra, para mostrar su poder a favor de los que tienen corazón perfecto para con él» (2 Crónicas 16:9). Pídele al Señor que se manifieste ahora con poder en favor tuyo y de tus hijos adultos.

Ora para que Dios destruya cualquier espíritu de rebeldía

Demasiados hijos adultos sufren porque sus padres fallaron al enseñarles, y demostrarles, que hay consecuencias serias por las malas acciones. Se supone que tenemos que haber corregido a nuestros hijos, así como Dios nos corrige porque nos ama. Si no los corregimos de la manera que debimos hacerlo, si en lugar de eso les dimos gusto, si nuestra corrección llegó a ser abusiva en lugar de correctiva, nosotros también pagaremos las consecuencias cuando veamos los resultados. «La vara y la corrección dan sabiduría; mas el muchacho consentido avergonzará a su madre» (Proverbios 29:15).

Dios entiende el pesar, la pena, las batallas, el daño y la decepción que sentimos como padres. Dios es el Rey Todopoderoso del universo y Creador de todas las cosas, pero todavía es nuestro *Padre celestial*. Sin duda, tuvo que haber sentido pesar cuando nosotros, sus hijos, fuimos rebeldes, desagradecidos y estábamos determinados a hacer las cosas *a nuestra manera*. Como padres, nos *lamentamos* por los errores o las malas decisiones de nuestros hijos. Nos *duele* cuando les ocurren cosas perjudiciales. Nos *enoja* su rebeldía a los caminos de Dios.

Todos cometemos errores como padres, así que saquemos esos recuerdos de nuestros corazones y nuestras mentes, buscando al Señor y pidiéndole que nos revele cualquier cosa que haya que poner bajo la cruz y someter al poder liberador del Espíritu Santo. Di: «Señor, muéstrame si he fallado al disciplinar a mis hijos cuando eran pequeños y esto ha estimulado ahora su rebeldía o ha hecho que no comprendan las consecuencias del pecado». Si ves momentos en que has consentido demasiado a tu hijo, o no lograste disciplinarlo cuando debiste hacerlo, *no dejes que el enemigo gane en esto*. Confiésalo delante de Dios.

El rey David de la Biblia, de quien Dios dijo que era un hombre conforme a su corazón, falló como padre. Hizo cosas terribles que iban en contra de lo que sabía que era lo bueno. Se dice de Adonías, el hijo rebelde de David, que «su padre nunca le había entristecido en todos sus días» (1 Reyes 1:5-6). David no disciplinó a Adonías en absoluto, lo cual le habría hecho mucho bien para formarlo como un ser humano decente, en lugar del malcriado egocéntrico que llegó a ser. Se rebeló en contra de su padre y llegó a un final desastroso. Los hijos que no se disciplinan se convierten en egocéntricos, interesados y, a la larga, autodestructivos. David no hizo lo que tenía que hacer para que su hijo llegara a ser el hombre de Dios que tenía que haber sido. Por lo que Adonías hacía lo que quería, ya que no conocía las consecuencias. La historia de Adonías nos muestra que las consecuencias son severas cuando no se crían a los hijos como quiere el Señor. Aun así, Dios no quiere la destrucción de nadie, como es el caso de Adonías. Él quiere que en lugar de eso se arrepientan (2 Pedro 3:9).

Los hijos pequeños que reciben disciplina con amor, y que aprenden las reglas y los límites, crecen y se convierten en adultos más seguros. No me refiero a los golpes; estoy hablando de formar. Para criar a un hijo se requiere de amor y disciplina, y los premios son grandes. «Es verdad que ninguna disciplina al presente parece ser causa de gozo, sino de tristeza; pero después da fruto apacible de justicia a los que en ella han sido ejercitados» (Hebreos 12:11). La Biblia dice: «No rehúses corregir al muchacho» (Proverbios 23:13). Dice que el destino de nuestro hijo se afectará por la manera en que lo disciplinamos. Y que si lo disciplinamos, libraremos «su alma del Seol» (Proverbios 23:14).

En otras palabras, si no disciplinamos a nuestros hijos, lo hará el diablo.

Cuando disciplinamos a nuestros hijos, eso los protege del enemigo. Además, nuestra paz también se ve afectada. «Corrige a tu hijo, y te dará descanso, y dará alegría a tu alma» (Proverbios 29.17). La desobediencia sin consecuencias le abre la puerta a un espíritu de rebeldía. La rebeldía hace que el enemigo influya y convenza a una persona. La Biblia dice que no debemos darle «lugar al diablo» (Efesios 4:27). Una naturaleza rebelde indica que una persona le ha dado un lugar en su corazón al enemigo. La rebeldía desvanece toda la sabiduría y el discernimiento, y permite que tu hijo adulto sea sensible al reino que es oscuro y malo (1 Samuel 15:23). La rebeldía nunca es inofensiva. Siempre ocasiona problemas. Ora por la ruptura de cualquier rebeldía en tus hijos adultos.

Tus oraciones no solo pueden evitar que el enemigo gane más campo en sus vidas ahora, sino que puede retirarlo por completo. Solo recuerda que tu batalla es con el enemigo y no con tus hijos adultos. Y que el Espíritu Santo en ti es más poderoso que la influencia del enemigo en ellos. No hay nada demasiado difícil para Dios. «¡Oh Señor Jehová! he aquí que tú hiciste el cielo y la tierra con tu gran poder, y con tu brazo extendido, ni hay nada que sea difícil para ti» (Jeremías 32:17).

No importa cuán lejos de Dios o en profunda rebeldía esté tu hijo adulto. Dios promete salvarlo y traerlo de vuelta desde donde haya estado cautivo. «Y tú no temas, siervo mío Jacob, ni desmayes, Israel; porque he aquí *yo te salvaré de lejos, y a tu descendencia de la tierra de su cautividad*» (Jeremías 46:27, énfasis añadido). Todos los días di: «Gracias, Señor, porque harás que mi hijo vuelva de la tierra de su cautiverio».

No vaciles en pedir refuerzos

Este capítulo es más largo que los demás porque trata con asuntos de vida o muerte. Si no oramos en cuanto a estas cosas por nuestros hijos adultos, las consecuencias podrían ser terribles. No puedo comenzar a describir la urgencia que siento por esto. Por eso es que si uno o más de tus hijos adultos están en una batalla seria, no ores solo. Únete a otros. Esta es la cosa más poderosa que puedes hacer junto con el ayuno y la oración.

El pastor Jack Hayford dijo esto en uno de sus sermones acerca de orar juntos: «Hay un principio bíblico de que la multiplicación de colaboración en la oración multiplica la dimensión del impacto. Se toma del Señor, que dijo que cinco perseguirán a cien y cien harán correr a diez mil (Levítico 26:8). No se trata de decir que Dios está obligado por el número, sino que hay un poder penetrante cuando se tiene un acuerdo en la oración. Estar de acuerdo es como golpear notas en armonía.

Las palabras "un acuerdo" transmiten la idea de gente que tiene la misma temperatura: el mismo grado de pasión, el mismo grado de enfoque (Hechos 2:1; 2:46; 4:24; 5:12). Esta realidad nos hace un llamado a orar juntos, a creer lo mismo en cuanto a lo que es posible».

Continuó explicando que tenemos que «definir sobre qué vamos a orar» y también «entender los términos bíblicos sobre los que esperamos que sucedan estas cosas». Cuando hacemos esto, nuestras oraciones llegan a estar enfocadas. Esa es una de las razones por las que me encanta orar con otras personas. Nos obliga a estar enfocados y a orar de manera específica. Cuando el problema por el que estás orando es serio, pide refuerzos. No vaciles en pedir oración de otros. Hay mucha gente que le encantaría orar contigo por cualquier preocupación que tengas, en especial por tus hijos adultos.

Cuando los discípulos se reunieron con otros para orar juntos, hubo una manifestación poderosa del Espíritu Santo. «Cuando hubieron orado, *el lugar en que estaban congregados tembló*; y todos fueron llenos del Espíritu Santo, y hablaban con denuedo la palabra de Dios. Y la multitud de los que habían creído era de un corazón y un alma» (Hechos 4:31-32, énfasis añadido).

El poder de sus oraciones aumentó, pero no solo porque había más cuerpos. También tenía que haber más fe combinada con enfoque. Allí es donde entra la parte de «un acuerdo». Cuando la gente, como tú y yo, se pone de acuerdo con un asunto importante en oración, pasan cosas.

También dice que «abundante gracia» era sobre todos ellos (Hechos 4:33).

La gracia es el favor inmerecido de Dios sobre nosotros. Sin embargo, la «abundante gracia» a la que se refiere aquí es el poder del Espíritu Santo que obra en nuestras vidas y se manifiesta como respuesta a nuestras oraciones. Cuando estamos orando por nuestro hijo adulto no solo necesitamos gracia, más favor de Dios del que merecemos, sino que necesitamos *abundante gracia*, que es el poder del Espíritu Santo que obra en nuestras vidas y en las vidas de nuestros hijos adultos. Necesitamos el lugar donde se nos hará temblar. No necesariamente la casa o la habitación, sino las situaciones y la condición del corazón.

Zorobabel, el gobernador de Judá del Antiguo Testamento, tenía la responsabilidad de reconstruir el templo de Dios, pero se le instruyó que no confiara en la fortaleza ni en los recursos del hombre para hacerlo. El Señor quería que Zorobabel confiara en *Él*. Dios le dijo que no se lograría «con ejército ni con fuerza, sino con mi Espíritu» (Zacarías 4:6). Dios continuó diciendo: «¿Quién eres tú, oh gran monte? Delante de Zorobabel serás reducido a llanura; él sacará la primera piedra con aclamaciones de: *Gracia, gracia a ella*» (Zacarías 4:7, énfasis añadido).

Cuando pronunciamos gracia a la barrera o al obstáculo que enfrentamos, o que enfrenta nuestro hijo adulto, que es como una montaña para nosotros, es un acto de fe de nuestra parte. Reconocemos que no tenemos el poder de cambiar las cosas, pero Dios sí lo tiene. Y lo haremos por su Espíritu de gracia.

Cuando recurras a Dios en oración, grita: «gracia» a cualquier montaña de oposición que se oponga a ti o a tu hijo adulto. Di: «Señor, en el nombre de Jesús, pronuncio gracia a esa situación». Y menciona la oposición que quieres ver destruida. Di, por ejemplo:

Señor, pronuncio gracia a los hábitos destructivos de mi hija.

Señor, pronuncio gracia a los problemas con las drogas de mi hijo.

Señor, pronuncio gracia al trastorno alimenticio de mi hija.

Señor, pronuncio gracia a los problemas financieros de mi hijo.

Pronuncia gracia a cualquier montaña de oposición que enfrente tu hijo adulto.

Ora para que tu hijo adulto vuelva al Señor

Hay un pasaje en la Biblia donde el Señor se expresa a través del profeta Jeremías y habla a una ciudad de gente que se destruía por su propia corrupción. Dios promete restaurarlos si se vuelven a Él y se arrepienten. Estas fueron promesas, no solo para los adultos, sino para sus hijos también. La Biblia dice que la misericordia del Señor es para siempre (Salmo 89:28). Así que aunque Dios está hablando al pueblo de Israel en ese tiempo, les dio una promesa que podemos creer que se aplica a los que también oramos y lloramos por nuestros hijos adultos que el enemigo ha llevado cautivos.

Esta promesa dice: «Reprime del llanto tu voz, y de las lágrimas tus ojos; porque salario hay para tu trabajo, dice Jehová, y volverán de la tierra del enemigo. Esperanza hay también para tu porvenir, dice Jehová, y los hijos volverán a su propia tierra» (Jeremías 31:16-17).

Si tienes hijos adultos cautivados por las influencias malas, lee este versículo anterior otra vez y cree que Dios está diciéndote esas palabras. Estos versículos me dicen que nuestro esfuerzo en la oración por los hijos adultos será recompensado porque ellos volverán de la tierra del enemigo, a la cual les llevaron cautivos.

Esta es una gran promesa para los padres de hijos adultos que se han descarriado del camino que Dios tiene para sus vidas. Es posible que no sepas con exactitud cuál es el camino que les tiene Dios, pero *sí* sabes que no es por el que caminan. Este es un mensaje de esperanza para tus hijos adultos también, porque no importa lo lejos que el enemigo los haya apartado de la vida que deben vivir, volverán de la tierra del enemigo a su propia tierra.

¿Te acuerdas de lo que dije acerca de las promesas de Dios? No son un programa al que tienes derecho. Se requiere algo de nuestra parte. Aunque es cierto que llegamos a disfrutar lo que no nos hemos ganado, tenemos que orar para recibirlo.

Podemos *llorar* en *oración* por nuestros hijos adultos, pero no tenemos que *llorar* en *desesperación*. Podemos alabar a Dios por sus promesas de que traerá de vuelta a nuestros hijos al camino en el que se criaron.

Si tu hijo adulto se ha descarriado de tu familia, o de tu religión, hay una brecha en tu relación, o ha escogido un estilo de vida que está muy lejos de la manera en que lo criaste y que te aflige mucho, ora por su regreso y restauración. Esto no significa que regresará a vivir contigo, así que no te preocupes, ni guardes muchas esperanzas, si ese fuera el caso. Significa que a medida que oras, Dios derribará esa gran división, volverá a abrir la comunicación y los ayudará a reconectarse.

Si tu hijo adulto necesita volver a su tierra, volver a los caminos del Señor y a lo que sabe que es lo bueno, Dios está diciendo que ve tus lágrimas y escucha tus oraciones. Sigue orando por él hasta que vuelva de la tierra del enemigo a vivir a tu área, que es el reino de Dios en la tierra. No te rindas ni dejes de orar por esto. Dale a Dios la oportunidad de obrar. Recuerda que está tratando con la voluntad firme de tu hijo adulto, que Él mismo se ha propuesto soberanamente no violar.

¿Cuántas veces hemos llorado ante el Señor mientras oramos por nuestros hijos adultos? Nuestros corazones se quebrantan cuando vemos que algo se destroza en ellos. La Biblia dice que «irá andando y llorando el que lleva la preciosa semilla; mas volverá a venir con regocijo, trayendo sus gavillas» (Salmo 126:6). Cuando sembramos semillas en oración y las regamos con nuestras lágrimas de dolor y aflicción, sucede algo poderoso. Cuando lloras con pasión en oración, tendrás gozo al saber que algo grandioso se logró en el reino espiritual. Y lo *verás* manifestado en el reino físico también.

Cuando lo que tienes que decir les resulta algo difícil de escuchar

Como lo dije en la introducción de este libro, no podemos sentarnos y dejar que nuestros hijos adultos dañen sus vidas cuando vemos que se fragua una situación peligrosa. Tenemos que decir algo. Mi esposo y yo hemos tenido que hacerlo con cada uno de nuestros hijos adultos. Y cada vez lo hicimos con amor, no con enojo. Mostrar amor en ese entonces no fue nuestra primera reacción natural, pero nuestro muy sabio pastor nos dijo que esa era la única manera de responder si queríamos ver buenos resultados.

Cuando buscamos a cada hijo adulto, en situaciones distintas y por razones distintas, les dijimos que lo que hacían estaba fuera del camino que Dios tenía para ellos y que no era aceptable. Les dijimos que no permitiríamos que siguiera ocurriendo algo que fuera menos de lo que les tenía Dios, cuando contábamos con la capacidad de intervenir. Le aseguramos a cada uno que lo amábamos tanto como para dejar que caminaran por un despeñadero cuando podíamos ayudarlos a cambiar el rumbo.

También les dijimos que le habíamos pedido al Señor que nos revelara cualquier cosa que tuviera que sacarse a la luz en cualquiera de sus vidas, y que fue totalmente del Señor el hecho de que supiéramos ciertas cosas que estaban sucediendo. Cuando los enfrentamos, se arrepintieron de inmediato e hicieron un ajuste mayor en el rumbo de sus vidas. En ambos casos, habían dejado que la influencia de gente impía los guiara hacia la dirección indebida.

Antes de enfrentarlo a cada uno, oramos de manera ferviente. Queríamos ir a verlos en el Espíritu del Señor y no con el enojo de la carne, pues era importante que viéramos un cambio de corazón y una disposición de sus ojos a la verdad. Y, gracias a Dios, lo hicimos. Estuvimos agradecidos al ver que eso llegó a ser un cambio radical en cada una de sus vidas. Tengo que decir que para todos fue lamentable en ese entonces, pero gran bien salió de eso y sé que el Señor estuvo en los detalles.

No creas que solo porque tus hijos son adultos ya no necesitan más aportes tuyos. Sí los necesitan, ya sea que los pidan o no. Solo escoge tus momentos. No te fijes en pequeñeces. Da consejos con moderación y nada más cuando parezca que son receptivos. No obstante, si ves que están a punto de toparse con una pared, no vaciles en intervenir y ayudar a cambiar las cosas.

Tendrás mayor autoridad en la vida de tus hijos adultos si te sometes a la autoridad de Dios Padre en tu propia vida. Al decir autoridad no me refiero a tratar de hacer que tus hijos adultos hagan las cosas a tu manera. Me refiero a poder dar aportes persuasibles a sus vidas cuando lo necesiten. No queremos que nuestros hijos dejen de poder pensar por sí mismos y que no tomen sus propias decisiones. Queremos ser un apoyo para ellos en las decisiones que toman y, aun así, dar un aporte persuasible si toman una terriblemente incorrecta.

Si tienes que decir algo que sabes que será difícil que escuche tu hijo adulto, sumérgete primero en la oración. Ora por las palabras adecuadas y el tiempo apropiado. Ora por un corazón receptivo en tu hijo adulto.

Si le has pedido a Dios que llame la atención de tu hijo y que lo ponga en el buen camino, está al tanto de cuando esté haciendo precisamente eso. A veces Dios permite que ocurran cosas, o que no ocurran, según sea el caso, a fin de hacer que reconsidere sus acciones. Podría ser difícil de ver, pero valdrá la pena cuando veas un cambio radical.

Confía en tus instintos cuando se trate de tus hijos adultos. Esto no es una licencia para tener sospechas de ellos todo el tiempo, pero deberías tener sospechas del enemigo siempre. Si percibes algo que no está bien en tus hijos adultos, o algo en cuanto a ellos inquieta tu alma, ¡confía en ese instinto! Dios les da a los padres unas antenas santas que pueden percibir el mal a un kilómetro de distancia. Comienza a orar de inmediato para que Dios lo revele todo y exponga cualquier pecado de modo que comiencen el arrepentimiento, la liberación y la sanidad. Tienes el poder. El enemigo solo tiene mentiras. Ora para que toda la verdad salga a la luz.

—◠◠◠—

⟶❧ EL PODER DE LA ORACIÓN ❧⟵

SEÑOR, TE PIDO QUE le des a (<u>nombre de tu hijo adulto</u>) el discernimiento que necesita para entender la opción clara que hay entre el bien y el mal, entre lo bueno y lo malo, entre lo que da vida y lo que la destruye, y entre el camino a la seguridad y a un buen futuro y a un callejón sin salida. Te pido que no permitas que el mundo lo moldee, sino que lo moldees tú. Sé que la influencia del enemigo puede entrar de manera muy sutil, casi sin observarse, hasta que ya es demasiado tarde. Aun así, te pido que, con la sabiduría y el discernimiento que da el Espíritu Santo, pueda estar preparado para el enemigo y anticipar sus planes. Ayúdalo a ser «salvo de esta perversa generación» (Hechos 2:40).

Te ruego que esta cultura mundana no lo controle. Corta cualquier ligadura que tenga con el mal del mundo y libéralo para que solo esté unido a ti. Protégelo de cualquier ataque del enemigo. Ayúdalo a confiar en ti y en tu poder y a no darle «lugar al diablo» (Efesios 4:27). Te pido que busque tu dirección para su vida.

Señor, te ruego por mi hijo adulto para que seas su «escondite» donde se protegerá de los problemas. Ayúdalo «con cánticos de liberación» e instrúyelo en cuanto al camino que debe tomar. Sé su fortaleza en época de problemas y libéralo del impío (Salmo 37:39-40). Gracias, Señor, porque nos libras de nuestros enemigos (Salmo 18:48).

Señor, te pido que me des sabiduría para saber cómo orar por mis hijos adultos. Dame valor para enfrentarlos cuando tenga que hacerlo. Ayúdame a esperar el momento oportuno y dame las palabras exactas que debo decir. Abre sus corazones para que me escuchen. Cuando se descarríen de tus caminos, te pido que extiendas tu vara de pastor y que los traigas de nuevo al rebaño.

Cuando las influencias del mal o un comportamiento destructivo lleven cautivo a mi hijo adulto, te pido que lo liberes. Gracias, Señor, porque les dices a mis hijos: «Volverán de la tierra del enemigo» y que hay esperanza en mi futuro porque mis «hijos volverán a su propia tierra» (Jeremías 31:16-17).

Me doy cuenta de que no sé todo lo que ocurre en la mente, las emociones o la vida de mi hijo adulto, pero tú sí. Revela lo que tiene que revelarse. Expón cualquier error de pensamiento de una manera tan clara que se arrepienta ante ti. No permitas que se salga con la suya. Cuando esté jugando con algo que sea una trampa del enemigo para su destrucción, te pido que lo rescates. Ayúdalo a apartarse de la gente que trata de hacer el mal o de involucrarlo en obras malas. Impide que caiga en la tentación. Fortalécelo para que resista todas las influencias malas e impide cualquier comportamiento destructivo.

Cuando sea víctima del mal, te pido que lo sanes, restaures y que lo eleves por encima de eso. Saca algo bueno de eso. Así como levantaste a José para que salvara a una nación después que se llevaron a cabo malas conspiraciones en su vida, te pido que levantes a mi hijo para cosas grandes, a pesar del mal que se perpetuó en su vida. Mientras tanto, permítele pasar por este tiempo y encontrar «gracia en el desierto» (Jeremías 31:2).

Obra en su vida para llevarla a una alineación completa con tu voluntad, y que no haya espacio para que el enemigo penetre en tu muro de protección. Guárdalo y protégelo del maligno. Abre sus ojos para que vea tu verdad, para que se libere de cualquier engaño. Destroza cualquier ídolo falso en su mente que lo seduzca para que se aparte del camino que le tienes reservado. Ayúdalo a alejar su mente del mal para que no se conforme al mundo. Ayúdalo a ser transformado por la renovación de su mente, de modo que esté en tu voluntad perfecta (Romanos 12:1-2). Sé que tú no violarás la voluntad de mi hijo adulto, pero te invito a que penetres en su vida por el poder de tu Espíritu Santo y que hagas que tu presencia toque su corazón.

Cuando me sienta desanimado, o tema que estamos perdiendo la batalla, me levantaré para alabarte porque eres mucho mayor que cualquier influencia mala que enfrente mi hijo adulto.

Te ruego, por el poder de tu Espíritu Santo, que mi hijo adulto sea libre de cualquier influencia del mal y comportamiento destructivo. Revela cualquier cosa que tenga que revelarse a tu luz penetrante y que lo ve todo a fin de que pueda llegar la liberación y la libertad.

Te lo pido en el nombre de Jesús.

—◆—

~∾ El poder de la Palabra ∾~

Fíate de Jehová de todo tu corazón, y no te apoyes
en tu propia prudencia. Reconócelo en todos tus caminos,
y él enderezará tus veredas.
Proverbios 3:5-6

Porque las armas de nuestra milicia no son carnales, sino
poderosas en Dios para la destrucción de fortalezas.
2 Corintios 10:4

Los que amáis a Jehová, aborreced el mal; él guarda las
almas de sus santos; de mano de los impíos los libra.
Luz está sembrada para el justo, y alegría para los rectos
de corazón. Alegraos, justos, en Jehová, y alabad la
memoria de su santidad.
Salmo 97:10-12

Jehová, roca mía y castillo mío, y mi libertador;
Dios mío, fortaleza mía, en él confiaré.
Salmo 18:2

No con ejército, ni con fuerza, sino con mi Espíritu,
ha dicho Jehová de los ejércitos.
Zacarías 4:6

9

Ora para que tus hijos adultos

EVITEN TODA CONTAMINACIÓN Y TENTACIÓN SEXUAL

—⁓—

En los más de treinta años que han transcurrido desde que nació mi primer hijo, he visto cambios trascendentales en la televisión que son un indicio de lo que ha ocurrido en nuestra cultura. Cuando mis hijos eran pequeños, rara vez teníamos la televisión encendida durante el día. Cuando Michael o yo la encendíamos en la noche para ver las noticias, algún programa deportivo o algo especial que nos interesaba, los niños estaban en la cama. No les evitaba ver televisión porque tuviera miedo de lo que pudieran ver, sino porque no quería entorpecer sus cerebros ni estorbar su creatividad. Quería que jugaran afuera tanto como fuera posible, y cuando estaban adentro, que pudieran pensar en cosas para hacer con sus juguetes, libros, juegos e ideas.

Se les permitía ver algunos vídeos que yo había visto y sabía que pasaban las normas de lo que creía que les resultaba beneficioso. Y veían programas especiales de televisión que eran interesantes y divertidos. Sin embargo, la mayor parte del tiempo, tenían la costumbre de estar ocupados sin la televisión por lo que no dependían de ella. Incluso cuando se quedaban en casa de amigos, no me preocupaba de lo que vieran en la televisión. No es como ahora.

En la actualidad, es distinto. Si criara hijos ahora, no sé si tendría un televisor a su alcance. Ahora, incluso como adulta, no puedo pasar por los canales porque hay mucho material ofensivo que se considera normal y común. De ninguna manera voy a entristecer al Espíritu Santo en mí, ni voy a permitir que la exposición a ese material tan horrible maltrate mi alma. Demasiado de lo que se encuentra en la televisión está contaminando *todas* nuestras vidas. Nuestros sentidos pueden llegar con facilidad a estar inmunes a la profanidad ofensiva, inmoralidad obvia y blasfemias constantes de todo lo que tiene que ver con Dios y la exaltación de lo impío, en tanto que se denigra lo piadoso.

Nuestros hijos adultos, los tuyos y los míos, han estado expuestos a esta clase de influencias por años. A nuestras escuelas se les ha quitado de sus instalaciones cada evidencia posible de la existencia de Dios o que el cristianismo es pertinente para sus vidas. No se permite en lo absoluto los Diez Mandamientos. Se prohibió la oración. Se eliminó toda contribución piadosa. Se nos ha *inundado* con las fuerzas que se oponen a todo lo que es y representa Dios, y se nos ha estimulado a aceptar el bien como el mal y el mal como el bien. La voz del mundo trata de eliminar toda la voz de la moralidad. Y a nuestros hijos adultos se les lanza esto cada día de alguna manera.

Por encima de todo esto, el mal dominante de la promiscuidad, la perversión y las relaciones sexuales promiscuas traen confusión a sus vidas. La perversión no solo se promueve como algo normal, sino como algo deseable. El mal ha salido hacia nuestros chicos e hijos adultos y se concentra en ellos. La promiscuidad ahora significa ser sexualmente activo. Implica que si no eres activo, eres virgen y no eres normal. A nuestros hijos se les hace creer que la promiscuidad, o tener relaciones sexuales antes del matrimonio, no solo es bueno, sino que se espera como un rito de iniciación. Se promueve como algo que hay que buscar. Se exalta el acto sexual *fuera* del matrimonio y se presenta como mejor que la relación sexual dentro del matrimonio. Las actitudes hacia la inmoralidad han llegado a ser la plaga que infecta a todos. Nos han vacunado y ahora somos insensibles a sus peligros. Y no estoy hablando de nada más que encender la televisión. Hasta los anuncios con imágenes sexuales o sugestivas pueden contaminar nuestras almas.

A fin de que nuestros hijos adultos vivan con éxito en cada aspecto de sus vidas, la pureza sexual es vital. Influye en la esencia de lo que son. Influye en su relación más importante en el matrimonio. Cuando viven con contaminación sexual en sus vidas, afecta cada una de sus partes. Sus relaciones llegan a ser débiles y pierden el sentido de su verdadero propósito e identidad.

No pienses por un momento que ya que tu hijo adulto nunca ha visto nada que se acerque a la pornografía, a su mente no la han contaminado en modo alguno. El espíritu que está detrás de todo esto, el espíritu de la lujuria, está en todas partes. Tus hijos adultos ven imágenes sexuales en vallas de anuncios cuando conducen por la calle. Está a un clic de distancia en las pantallas de sus computadoras cuando se sientan en sus escritorios en casa. Lo ven en las revistas normales y regulares. Lo ven en películas populares, incluso en la que se supone que sea una película decente. Lo ven en los vídeos musicales y lo escuchan en las letras de ciertas canciones. La sexualidad se ha convertido en un ídolo que adora nuestra cultura, y atrae a nuestros hijos adultos a que piensen demasiado en esto.

Lo que cualquiera de nosotros ve, incluso por accidente, nos afecta más de lo que creemos. Las imágenes pueden repetirse en nuestras mentes y nos hacen sentir miles de sentimientos como impacto, lascivia, culpa, disgusto o desagrado. Estas imágenes obligan a nuestras mentes a ir hacia donde no queremos que vayan, aunque sea por un momento. Entonces tenemos que perder tiempo valioso lidiando contra esos pensamientos y sentimientos. Tenemos que pedirle a Dios que limpie nuestra mente de esas cosas para que no infecte el buen juicio. Dios nos dice una y otra vez en su Palabra que tenemos que huir de las cosas malas y no verlas. Sin embargo, el mal se cuela en nuestras caras cuando menos lo esperamos. Y, sobre todo, en nuestros hijos adultos porque muchos no han conocido la vida sin el mal.

Lo que todo esto significa es que tenemos que orar con pasión y fervor por nuestros hijos adultos de modo que podamos ver que Dios quebrante el poder de las tinieblas que rodea sus vidas.

—∽—

DIEZ MANERAS DE ORAR PARA QUE TU HIJO ADULTO RESISTA LA CONTAMINACIÓN SEXUAL

1. *Ora para que tus hijos adultos tengan un nuevo derramamiento del Espíritu Santo en sus vidas.* Esto hará que vean con ojos nuevos. Cuando pueden ver desde la perspectiva de Dios y el poder del Espíritu Santo los capacita, pueden resistir de mejor manera cualquier ataque de contaminación sexual de un espíritu de lascivia en su interior. «Porque el ocuparse de la carne es muerte, pero el ocuparse del Espíritu es vida y paz» (Romanos 8:6).

2. *Ora para que tus hijos adultos tengan un corazón renovado para Dios, su Palabra y sus caminos.* Cuando las cosas de Dios los atraen, se alejarán de cualquier cosa que se le oponga a Él. Tener un corazón para los caminos de Dios y su Palabra hará que se sientan incómodos con las imágenes o acciones sexuales que violen o afecten los caminos de Dios. «La justicia de los rectos los librará; mas los pecadores serán atrapados en su pecado» (Proverbios 11:6).

3. *Ora para que tus hijos adultos tengan sabiduría, discernimiento y revelación.* Necesitan de gran sabiduría para saber cómo evitar la contaminación sexual. Necesitan un claro discernimiento para ver de manera

evidente lo que es y lo que no es la contaminación sexual. Y necesitan revelación de Dios en cuanto a cómo protegerse y vivir en pureza. «Cuando la sabiduría entrare en tu corazón, y la ciencia fuere grata a tu alma, la discreción te guardará; te preservará la inteligencia, para librarte del mal camino, de los hombres que hablan perversidades» (Proverbios 2:10-12).

4. *Ora para que tu hijo adulto encuentre libertad, restauración y plenitud.* Ora para que se liberen de cualquier cosa que los atraiga hacia la contaminación sexual. Ora para que se liberen de cualquier cosa que tenga agarre en su vida, como las imágenes sexuales en su mente que llegan a través de los medios de comunicación. Ora para que encuentren restauración por cualquier quebrantamiento o fracaso sexual en su pasado, para que puedan tener la renovación de la pureza y la plenitud que Dios les tiene reservada. «Someteos, pues, a Dios; resistid al diablo, y huirá de vosotros» (Santiago 4:7).

5. *Ora para que tus hijos adultos no dejen que sus ojos miren cosas despreciables.* Ora para que se nieguen a siquiera darle un vistazo a algo que sea ofensivo para Dios y que no les dé nada de valor a sus vidas. «Aparta mis ojos, que no vean la vanidad; avívame en tu camino. Confirma tu palabra a tu siervo, que te teme» (Salmo 119:37-38).

6. *Ora para que tus hijos adultos no pierdan su enfoque del camino y el propósito que les tiene Dios.* Es importante que siempre entiendan su propósito para que se nieguen a violarlo de alguna manera. «Tus ojos miren lo recto, y diríjanse tus párpados hacia lo que tienes delante» (Proverbios 4:25).

7. *Ora para que tus hijos adultos reconozcan el poder de la lascivia para destruir su alma.* El hecho de que «todos lo hagan» no lo hace bueno para ellos. Dios espera más que eso. Tienen que resistir al enemigo en esta guerra por sus almas. «Amados, yo os ruego como a extranjeros y peregrinos, que os abstengáis de los deseos carnales que batallan contra el alma» (1 Pedro 2:11).

8. *Ora para que tus hijos adultos vean la lascivia de cualquier clase como algo en contra de la voluntad de Dios.* Entender la voluntad de Dios para sus vidas tiene que ser su prioridad. «Para vivir el tiempo que le queda en la carne, no ya para las pasiones humanas, sino para la voluntad de Dios» (1 Pedro 4:2, LBLA).

9. *Ora para que tus hijos adultos vivan en el Espíritu de Dios y no en la lascivia de la carne.* Tienen que entender con claridad lo que es del Espíritu Santo y cuáles son los deseos de la carne que no glorifican a Dios. «Digo, pues: Andad en el Espíritu, y no satisfagáis los deseos de la carne» (Gálatas 5:16).

10. *Ora para que tus hijos adultos corran al Señor y a la verdad de su Palabra cuando se vean tentados a la atracción de cualquier clase de contaminación sexual.* Las consecuencias de hacer lo contrario son demasiado serias como para considerarlas. Es un asunto de vida o muerte de muchas maneras. «Antes que fuera yo humillado, descarriado andaba; mas ahora guardo tu palabra» (Salmo 119:67).

Si ya hay un problema

Si ya sabes o sospechas que tu hijo adulto tiene un problema, como un estilo de vida inmoral o un interés en la pornografía o en cualquier otra cosa, ayuna y ora por él. Aun un ayuno de dieciocho a veinticuatro horas, donde solo bebes agua y oras a Dios por eso cada vez que tienes hambre, puede producir un cambio radical milagroso. Dios dice que el propósito de ayunar es «*desatar las ligaduras de impiedad, soltar las cargas de opresión, y dejar ir libres a los quebrantados*» y que «*rompáis todo yugo*» (Isaías 58:6, énfasis añadido). Todo esto es razón suficiente para ayunar y orar allí mismo. Ver que estas cosas sucedan en tu hijo adulto sería glorioso. ¿Y quién hará esto en su favor si *tú* no lo haces? Tu hijo adulto necesita tu ayuda para liberarse.

El diablo conoce la debilidad de tu hijo adulto y lo atacará en esa esfera. Si un espíritu de lascivia está tratando de controlar la mente de tu hijo adulto, destruirá su alma también, y hasta es posible que su vida. Incluso un momento de imágenes de contaminación sexual puede permanecer en la mente por todo el tiempo que se le permita al enemigo recordarla reiteradas veces. «Porque a causa de la mujer ramera el hombre es reducido a un bocado de pan; y la mujer caza la preciosa alma del varón. ¿Tomará el hombre fuego en su seno sin que sus vestidos ardan?» (Proverbios 6:26-27). La contaminación sexual no solo comenzará a destruir lo que es, sino lo que *puede* ser.

Cada vez que cometemos un pecado, un espíritu malo está a la espera a fin de establecer una fortaleza en nuestras vidas. Cuando le damos lugar a ese pecado con regularidad, la fortaleza llega a estar más arraigada. El pecado persistente invita al mal a nuestras vidas y nos aleja de todo lo que Dios tiene para nosotros. Dios permitirá que seamos desdichados hasta que renunciemos al pecado y vivamos en *sus* caminos.

Jesús dijo: «Si alguno quiere venir en pos de mí, niéguese a sí mismo, y tome su cruz, y sígame» (Mateo 16:24). Ora para que tu hijo adulto se niegue cualquier acceso a la contaminación sexual, y haga lo que sea necesario para evitar cualquier cosa que sea una tentación. La Biblia dice que tenemos que «arrepentirnos y convertirnos a Dios, haciendo obras dignas de arrepentimiento» (Hechos 26:20). Ora para que se arrepienta y deje de hacer lo que ha estado haciendo y que comience a vivir a la manera de Dios.

Una persona que batalla en esta esfera no puede enfrentarla sola (Eclesiastés 4:12). La contaminación sexual es una oposición poderosa y penetrante. Si este es un problema serio para tu hijo adulto, busca a otros en quienes puedas confiar para que oren contigo por eso.

Dios busca gente que esté en la brecha y que ore donde hay pecado. En el libro de Ezequiel Dios dijo: «Y busqué entre ellos hombre que hiciese vallado y que se pusiese en la brecha delante de mí, a favor de la tierra, para que yo no la destruyese; y no lo hallé» (Ezequiel 22:30). La brecha a la que se refiere está entre Dios y el hombre, y la persona que está en la brecha es la que ora. Una brecha también era un lugar en el muro protector, alrededor de un campo o una ciudad derribada y necesitaba reparación. Dios solo necesitaba una persona para que orara y no pudo encontrar ni una.

Alguien que viene ante el Señor en favor de otro es un intercesor. Como intercesores de nuestros hijos adultos, podemos ponernos en esa brecha cuando una violación de las leyes de Dios derriba el muro protector que los rodea. Nuestras oraciones pueden ayudar a reparar la brecha en ese muro de protección.

Dios advirtió de todas las cosas terribles que ocurrirían, pues el pueblo se había ido tras los ídolos del mundo y se habían contaminado con ellos. Dijo: «Estas cosas se harán contigo porque fornicaste en pos de las naciones, con las cuales te contaminaste en sus ídolos» (Ezequiel 23:30). Ora para que tus hijos adultos no lleguen a contaminarse con los ídolos del mundo. Tus oraciones pueden ayudar a fortalecerlos lo suficiente como para resistir todas las tentaciones. Si ya han sucumbido, necesitan de tus oraciones para quebrantar el poder que tienen esos ídolos en sus vidas.

En una oración por socorro de los opresores de Israel, un salmista le pidió a Dios que no los olvidara, sino que se acordara de su pacto con ellos. Oró: «Mira el pacto, porque los lugares tenebrosos de la tierra están llenos de habitaciones de violencia» (Salmo 74:20). Eso es cierto ahora. Los lugares tenebrosos de nuestro mundo están llenos de habitaciones de violencia. Y a menudo estos lugares empiezan con contaminación sexual y perversidad. Las semillas que crecen en una aparente fuerza imparable. Algunas de las «habitaciones de violencia» en los lugares tenebrosos de la tierra son la pornografía, la prostitución obligada y, en especial, la pornografía infantil y el abuso sexual. Hay muchas más, pero estas se encuentra entre las peores. Y todas comenzaron como un pensamiento, una acción o un vistazo a una imagen de contaminación sexual.

Queremos que nuestros hijos adultos tengan una libertad inteligente en el Señor. Queremos que se diga de ellos: «Los que miraron a él fueron alumbrados, y sus rostros no fueron avergonzados» (Salmo 34:5). Tenemos que orar por su protección y su liberación porque los inundan con contaminación sexual.

—⁓—

⤳ El poder de la oración ⤳

Señor, te pido que (nombre de tu hijo adulto) sea libre de toda contaminación sexual. Cuando vea cosas que comprometen su pureza sexual, te pido que limpies su mente de eso y que lo saques de su corazón. Si de buena gana se involucra en algo que viola tus normas de pureza, te pido que condenes su conciencia por eso y que lo lleves al arrepentimiento ante ti. Ayúdalo a tener la disposición de apartarse de cada ídolo y cosa abominable (Ezequiel 14:6). Quebranta el poder de cualquier espíritu de lascivia que intente llevar muerte a su alma (Ezequiel 18:31-32).

Ayúdalo a huir de la contaminación sexual, a alejarse de ella, a no verla y a no involucrarse en ella, y a rechazar contaminarse con los ídolos del mundo (Ezequiel 23:30). Dale la convicción de cambiar el canal; de cerrar el sitio Web; de desechar la revista, DVD o CD; o de salir del cine (Proverbios 27:12). Haz que entienda que cualquier desviación del camino que tienes para él, aunque solo ocurra en su mente, será una trampa para que caiga en ella y una emboscada para su alma.

Permite que se encuentre en el terreno sólido de la pureza en tus ojos. Ayúdalo a ver que hasta la desobediencia no intencionada a tus caminos requerirá de una limpieza de su parte. Ayúdalo a guardar tu Palabra en su corazón para que no peque contra ti (Salmo 119:9-11). Te pido que lo protejas con discreción y que lo atraiga el conocimiento y el entendimiento que lo librará del mal (Proverbios 2:10-12).

Cuando le dé lugar a cualquier deseo impío, te pido que lo liberes. Pon el deseo en su corazón de agradarte al caminar en el Espíritu y no en la carne (Romanos 8:8). Ayúdalo a saber que tú eres su refugio y que puede buscarte en cualquier momento en que se le presente la tentación (Salmo 141:8). Ayúdalo a entender la grandeza de tu poder para liberarlo. Aleja sus ojos de las cosas que no valen la pena (Salmo 119:37). Dale la capacidad de sopesar en verdad todo lo que hace y cada paso que da para que no ande por el camino del mal (Proverbios 4:26-27).

Si ha tenido algún fracaso moral, dale un corazón arrepentido para que pueda venir ante ti y ser limpio de todos los efectos y las consecuencias. Te pido que nunca lo seduzcan hacia un camino que lleve a la destrucción. Permite que se resista a la tentación. Dale el «espíritu de sabiduría y revelación» a fin de que entienda el propósito para el que le crearon y no quiera violarlo (Efesios 1:17-18).

Señor, tú dices que el pecado ocurre solo con mirar algo malo (Mateo 5:28). Sin embargo, tú nos diste una manera de deshacernos de la inclinación hacia esto (Mateo 5:29). Te ruego que mi hijo adulto se deshaga de cualquier cosa en su vida que lo haga comprometer la pureza de alma que quieres tú. No permitas que la luz de sus ojos muera por ver la contaminación sexual. Ayúdalo a que, en lugar de eso, alce sus ojos a ti (Salmo 123:1). Permite que diga como David: «No pondré delante de mis ojos cosa injusta» (Salmo 101:3).

Te pido la destrucción de los ídolos de la promiscuidad sexual, la pornografía, la perversión, la sensualidad y la inmoralidad en los medios de comunicación, en nuestra tierra, en nuestros hogares y en nuestras vidas. Te ruego de manera especial que a mis hijos adultos no los tienten, no los atrapen, no se tambaleen ni contaminen con nada de eso.

Te lo pido en el nombre de Jesús.

—⁓—

～ᕶ EL PODER DE LA PALABRA ᕶ～

Porque todo lo que hay en el mundo, los deseos de la carne,
los deseos de los ojos, y la vanagloria de la vida, no proviene
del Padre, sino del mundo.
1 JUAN 2:16

Por tanto, di a la casa de Israel: Así dice Jehová el Señor:
Convertíos, y volveos de vuestros ídolos, y apartad vuestro
rostro de todas vuestras abominaciones.
EZEQUIEL 14:6

¿Quién subirá al monte de Jehová? ¿Y quién estará en su
lugar santo? El limpio de manos y puro de corazón; el que no
ha elevado su alma a cosas vanas, ni jurado con engaño. Él
recibirá bendición de Jehová, y justicia del Dios de salvación.
SALMO 24:3-5

El avisado ve el mal y se esconde; mas los simples
pasan y llevan el daño.
PROVERBIOS 27:12

Confesaos vuestras ofensas unos a otros, y orad unos
por otros, para que seáis sanados. La oración eficaz
del justo puede mucho.
SANTIAGO 5:16

10

Ora para que tus hijos adultos

EXPERIMENTEN BUENA SALUD
Y LA SANIDAD DE DIOS

—⁓—

Mis hijos se criaron con hábitos saludables. Sabían la manera de comer adecuada, hacer ejercicio y dormir lo suficiente. Y no se enfermaban mucho cuando eran pequeños. Es más, cada uno recibió premios por buena asistencia cuando estuvieron en la escuela primaria. Sin embargo, cuando ya estuvieron por su cuenta, desarrollaron amnesia. Se les «olvidó» casi todo lo aprendido. Comían como querían, no hacían ejercicio y tenían terribles hábitos para dormir, todo sin ninguna consideración de las consecuencias.

Después que crecieron y se fueron de casa, los veía hacer malas elecciones en cuanto al cuidado de su cuerpo. Comían demasiada basura: desde mi hijo tomando colas dietéticas para el desayuno seguido de mucho más durante el día, por ejemplo, hasta mi hija que nunca veía una cosa hecha con harina blanca que no le gustara ni comiera. También comían otras cosas malas, que no ayudaban, pero menciono estos dos ejemplos porque tienen un significado especial.

Además de comer basura y de no hacer ejercicio, también mantenían horarios terribles y muy a menudo no dormían lo suficiente. Debido a que sé lo que esa clase de cosas le hacen al cuerpo, estaba muy preocupada. Les hablé de eso una y otra vez, pero mis palabras caían en oídos sordos. No era que se rebelaran a propósito en contra de lo que les decía; solo que sentían que tenían suficiente tiempo para enmendar sus costumbres. Después explicaron esas acciones descuidadas diciendo que como habían sido saludables y habían estado bien casi todos sus primeros años, dieron por sentada su buena salud y dieron por hecho que siempre estaría allí para ellos.

Al saber que iban a tener que aprender algunas lecciones difíciles, oré para que despertaran y comprendieran lo que se estaban haciendo, antes de que sucediera algo terrible. «Señor, ayúdalos a entender la verdad en cuanto a que sus cuerpos son tu templo y enséñales a cuidarlo. Llámales la atención antes de que destruyan su salud». No fue hasta que cada uno de ellos tuvo síntomas incómodos que cambiaron sus costumbres de manera radical.

Ese día le llegó a cada uno cuando tenían veintitantos años y comenzaron a tener problemas serios con su salud. (Síntomas distintos y épocas distintas en los dos). A medida que ciertos síntomas en cada uno llegaron a ser más notables por momentos, le pedí a mi grupo de oración que oraran conmigo para que cada uno tuviera un despertar antes de que fuera demasiado tarde.

Mi hija estaba más enferma cada día, manifestando síntomas en casi todas las partes de su cuerpo, pero los médicos no podían encontrar cuál era su problema. Estaba perdiendo mucho peso, lo cual la aterraba porque no se sentía nada atractiva al estar tan delgada. Parecía como que un ataque directo se llevaba a cabo en su cuerpo, y estaba llegando a ser algo insoportable. Para no hacerlo largo, después de ver a varios especialistas, Dios nos llevó a un médico en particular que le hizo pruebas de muchas cosas y descubrió que no tolera el gluten que se encuentra en casi todos los granos, excepto en el arroz y el maíz... en esencia, le estaba destruyendo el cuerpo.

El médico le puso a Amanda una dieta estricta sin gluten y comenzó a mejorar. Otro especialista encontró otras comidas a las que era alérgica y otros desequilibrios en su sistema también, que ahora sabemos que son comunes en los que no toleran el gluten. Después de eliminar esas comidas y de tomar suplementos naturales bajo el consejo de estos especialistas, su vida dio un giro por completo. Ha llegado a ser fuerte y vigorosa y ahora tiene una nueva vida en ella.

Dios respondió nuestras oraciones, pero todavía oramos para que sane por completo de todas esas alergias. Le dificultan mucho su vida, sobre todo cuando tiene que viajar. Dios es el Dios de lo imposible, y estamos orando y creyendo que algún día Él hará lo es humanamente imposible y la liberará de esta carga. Ya sea que lo haga o no, está en sus manos. Por ahora, Amanda ha aprendido una nueva manera de comer, y es muy diligente para asegurarse de nunca arriesgarse de ninguna manera con su salud.

Los síntomas de mi hijo eran iguales de malos que los de mi hija, y alarmantes del mismo modo. Christopher comenzó a tener serios ataques de mareos y entorpecimiento en un lado de su cuerpo, lo cual lo hacía sentir como si tuviera un derrame cerebral o infarto. Estuvo en la clínica del médico y en la sala de emergencias algunas veces, y en cada ocasión le dijeron que tenía que estar relacionado con el estrés, pues no pudieron encontrar nada malo en ninguna de las pruebas que le hicieron. Como resultado, se le recomendó que viera a un psiquiatra, quien le podría recetar algo para aliviar estos síntomas de estrés. Cuando fue a ver al psiquiatra, el médico le dijo que no podía ser estrés porque los síntomas del estrés no ocurren solo en un lado del cuerpo.

Por lo que el psiquiatra lo envió a un neurólogo que le hizo más pruebas y le dijo que, por sus síntomas y por las pruebas hechas, o bien tenía esclerosis múltiple o pequeños derrames. Le dijo que volviera al hospital a la semana siguiente para hacerle otra prueba más especializada y más cara, que revelaría con seguridad si era alguno de esos padecimientos.

Mi hijo y yo investigamos por separado la esclerosis múltiple en nuestros grandes libros médicos y nos alarmamos al ver que tenía cada síntoma de eso. Es más, parecía como que eso era lo que tenía con exactitud y estábamos muy preocupados. Todo esto era lo que había estado pidiendo que *no* ocurriera. Me resultaba desconsolador pensar en que mi hijo saludable tuviera una enfermedad que lo dejara incapacitado debido a su negligencia con su salud. Qué pérdida tan innecesaria. Christopher también estaba muy preocupado.

Le pedí a mi grupo de oración que orara y mi esposo, mi hijo, mi hija y yo oramos de manera ferviente cada día y noche para que esto no fuera una sentencia de muerte para mi hijo. No obstante, si era lo que temíamos, le pedimos a Dios que sanara su cuerpo.

Una mañana temprano, cuando estaba orando por esto, le recordé a Dios que había orado cada día por la salud de mi hijo desde su nacimiento y aun antes de eso. Y oré con fervor cada día por él como adulto para que fuera saludable y dejara de maltratar su cuerpo. Entonces Dios dio vida a las Escrituras en mi corazón, donde dice que los siervos del Señor no darían a luz hijos para maldición, y que los que servimos a Dios seríamos bendecidos y también nuestros hijos (Isaías 65:23). Mi hijo fue dedicado al Señor desde que nació, y se oró por él todos los días de su vida. Sentí que Dios me decía que teníamos que creer que no había nacido para maldición. Les dije esto a mi hijo, mi hija y mi esposo, y todos oramos: «Gracias, Señor, porque Christopher no nació para maldición».

Cuando al fin recibimos los resultados de las imágenes de resonancia magnética, días después nos enteramos de que, al fin y al cabo, no era esclerosis múltiple ni un derrame cerebral. Al final descubrimos que es muy alérgico a un edulcorante sintético que se encuentra sobre todo en las colas dietéticas y en las «barras saludables» que había estado consumiendo todos los días. Lo enviamos al mismo especialista al que enviamos a nuestra hija y nos enteramos de que es alérgico a otras cosas también. Su cuerpo tenía desequilibrios específicos que se trataron con suplementos, una dieta adecuada y tratamientos para alergias. Es una persona nueva. Come asombrosamente bien. Tiene energía, se ve fuerte, en forma y es saludable. Y ahora mis dos hijos adultos hacen ejercicio cinco días a la semana en un gimnasio, y a menudo con un entrenador personal.

Los resultados de estas dos historias son un milagro para todos nosotros porque hubo épocas con cada uno de ellos en que su batalla parecía tan grande y no había señal de un cambio radical. Sin embargo, cuando comenzamos a desanimarnos, oramos aun más. Fuimos persistentes en la oración porque teníamos la fe y la determinación de no rendirnos hasta que viéramos la sanidad y la ayuda que necesitábamos.

Tanto mi hijo como mi hija han visto un cambio trascendental en sus vidas. Cada uno sintió que se le había dado nueva vida y quieren ayudar a otros a sentirse bien también. Como resultado, mi hijo ahora está estudiando su maestría en nutrición holística, en tanto que trabaja en su carrera como productor de discos y escritor de canciones. Vio la transformación extraordinaria que puede ocurrir en nuestros cuerpos cuando los tratamos bien. Mi hija está estudiando formas distintas de terapia física por la misma razón. Conoce el poder sanador del masaje terapéutico y quiere ayudar a otros a liberarse del dolor y a encontrar una mejor salud y sanidad.

Nunca soñé que vería a ninguno de mis dos hijos adultos haciendo ninguna de estas cosas. Y, por supuesto, nunca pensé que vería el día en que me estarían dando consejos de salud, algo que ahora ambos hacen con regularidad.

Qué diferencia con hace algunos años cuando estaba tan preocupada por los dos y oraba día y noche por su salud. Dios no solo los sanó, sino que también transformó sus vidas por completo.

Si alguna vez has visto los hábitos de salud de tus hijos adultos y te preocupas, sabe que tus oraciones para que despierten no caen en oídos sordos con Dios. Él te escuchará y responderá. Solo que no dejes de orar hasta que veas los resultados.

Aprendamos a mantener una buena salud

Estoy analizando *el cuidado de la salud* y la *sanidad* en este capítulo como dos asuntos distintos. *El cuidado de la salud* es algo que *hacemos* para proteger nuestro cuerpo. Lo tratamos bien y con cuidado. *Sanidad* es algo por lo que oramos y que el *Señor da* en respuesta a nuestras oraciones.

Dios espera que seamos buenos administradores de lo que nos da, incluso nuestro cuerpo. Quiere que lo cuidemos y que no lo maltratemos de ninguna manera. Es triste, pero cierto, que somos mucho más diligentes en cuidar de nuestra salud *después* que la perdemos. Podemos ser negligentes en gran medida con nuestros cuerpos cuando pensamos que podemos salirnos con la nuestra. Y tenemos la tendencia de ejercer presión en nuestra salud, tanto como nos es posible. Todos tenemos excusas interminables de por qué no nos cuidamos mejor. «Estoy demasiado ocupado». «No estoy motivado». «Es muy difícil». «No sé qué hacer». «No vale la pena». «No lo necesito en realidad». Nos es difícil ser disciplinados o simple y llanamente no queremos hacerlo.

Pídele a Dios que les muestre a tus hijos adultos qué hacer para mantener una buena salud. Pídele que les enseñe qué comer, cómo hacer ejercicio y qué hacer, o no hacer, para tener un buen sueño que los rejuvenezca. Pídele a Dios que les dé *sabiduría* para optar por la buena salud y el *discernimiento* para que sepan lo que les resulta bueno o malo, y la *revelación* en cuanto a lo que es bueno para su cuerpo en particular.

Conozcamos a Jesús como Sanador

Jesús es nuestro Sanador, y estar seguro de eso es *imperativo*. Dios sabe que no podemos hacerlo todo a la perfección, y por eso es que envió a Jesús, no solo para salvarnos, perdonarnos y librarnos del enemigo, sino también para sanarnos.

Además de orar para que nuestros hijos adultos tengan buenos hábitos de salud, también tenemos que orar para que lleguen a conocer a Jesús como su Sanador. Habrá épocas en que se enfermarán o lastimarán y tienen que saber cómo orar por sanidad en el nombre de Jesús. Cuando falla el cuidado de su salud, necesitan del poder de Dios para su mejoría. Él puede hacerlo por medio de los médicos, al revelarles algo que tienen que saber y hacer, o por una obra soberana de su gracia.

Después de la crucifixión, resurrección y ascensión al cielo, Dios derramó su Espíritu Santo en los discípulos de Jesús. Pedro, que entonces estaba lleno del Espíritu Santo, fue con Juan al templo, donde vio a un hombre que era cojo de nacimiento y que estaba sentado en la puerta y pedía dinero. Pedro le dijo al hombre estas palabras que ahora son famosas: «*En el nombre de Jesucristo de Nazaret, levántate y anda*» (Hechos 3:6, énfasis añadido). Entonces Pedro lo tomó «por la mano derecha le levantó; y al momento se le afirmaron los pies y tobillos» (Hechos 3:7). Se levantó de un salto, caminó y alabó a Dios, y los que lo vieron caminando «se llenaron de asombro y espanto por lo que le había sucedido» (Hechos 3:10).

Cuando Pedro vio la reacción de la gente, dijo: «¿Por qué os maravilláis de esto? ¿O por qué ponéis los ojos en nosotros, como si por nuestro poder o piedad hubiésemos hecho andar a este?» (Hechos 3:12). Explicó que fue Dios, glorificando a su Hijo Jesús, a quien levantó de los muertos. Entonces viene la parte más importante de esta historia. Pedro dijo: «Y *por la fe en su nombre*, a este, que vosotros veis y conocéis, le ha confirmado su nombre*; y la fe que es por él ha dado a este esta completa sanidad* en presencia de todos vosotros» (Hechos 3:16, énfasis añadido).

Pedro está diciendo que la sanidad de este hombre no se debió a algún poder especial suyo, sino por el poder del nombre de Jesús. La *fe* en el nombre de Jesús *pone en marcha* el poder que sana, y la *oración dirige* el poder para darnos sanidad.

Este es el primer milagro registrado de uno de los discípulos de Jesús. Y en el relato de lo sucedido, es evidente que podemos ver cómo tenemos que orar. Pedro ordenó salud para el cojo, pero oró en el nombre de *Jesucristo de Nazaret*. Al decir el nombre completo de Jesús, su título y de dónde era, no había confusión en cuanto a quién se refería. Pedro decía que la sanidad llega a través de *este Jesús* y por ningún otro medio. Si este relato de sanidad era lo bastante importante para que se incluyera en la Biblia, es lo bastante importante para que lo recordemos cuando oramos por nuestros hijos adultos, así como por nosotros u otra persona.

Cuando confesamos que Jesucristo es Señor, y que Él nos ha dado el poder y la autoridad en su nombre para ordenarles a la enfermedad y a la dolencia que se vayan, confirmamos nuestra autoridad sobre toda enfermedad, dolencia o cualquier poder del infierno que venga en nuestra contra. Hay poder en el nombre de Jesús por lo que Él logró en la cruz. No es el poder de nuestra fe, como si lo lográramos *nosotros*. La sanidad ocurre porque ponemos nuestra fe en el nombre de Jesús. El poder está en su nombre.

El enemigo de nuestra alma siempre quiere convencernos de que estamos desahuciados en nuestras enfermedades y que no hay manera de que Dios vaya a sanar a nuestros hijos adultos. También sabe que la desesperanza nos debilita tanto como la enfermedad. Es más, estoy segura de que mucha desesperanza contribuye al avance de algunas enfermedades. Por lo que tenemos que orar por una fe que siempre crezca para creer que es cierto lo que dice la Biblia y que es cierto lo que dice Jesús. Tenemos que orar para que la esperanza en nosotros, por lo que Jesús ha logrado por nosotros, nunca falle ni se debilite.

El cojo de nacimiento sanó por el poder del nombre de Jesús. ¿Tuvo poder el nombre de Jesús solo cuando Pedro oró en ese nombre? ¿O tiene poder el nombre de Jesucristo cuando cualquiera que cree ora en ese nombre? Creo que si Dios es el mismo ayer, hoy y siempre, y si lo que Jesús logró en la cruz se logró para todo el tiempo y toda la gente, el poder de su nombre es para nosotros los que creemos ahora. No fue solo para Pedro y Juan en ese momento.

Muy a menudo, algunas personas restringen la Biblia al decir: «Esta parte fue solo para los discípulos, esa parte fue solo para los corintios, esta parte es solo para los israelitas», y siguen así hasta que se explica toda la Biblia y se convierte en un simple libro histórico y, muchas veces, difícil de entender. No dejes que el hombre te quite lo que Dios te da en su Palabra. No dejes que te digan que Dios está callado y que ya no le habla a la gente. O que ya no sana a la gente. O que ya no hace milagros. Él es el mismo ayer, hoy y siempre, o no lo es. La Biblia nos dice quién *es* Dios, no quién *fue*. No dejes que alguien te robe tu sanidad al minimizar tu fe en el nombre de Jesús y su capacidad de sanar. Él fue Sanador. *Es* Sanador. *Siempre* será Sanador.

CINCO MANERAS DE ORAR POR SALUD Y SANIDAD PARA TUS HIJOS ADULTOS

1. *Ora para que tus hijos adultos entiendan lo importante que es su cuerpo para el Señor.* «¿O ignoráis que vuestro cuerpo es templo del Espíritu Santo, el cual está en vosotros, el cual tenéis de Dios, y que no sois vuestros? Porque habéis sido comprados por precio; glorificad, pues, a Dios en vuestro cuerpo y en vuestro espíritu, los cuales son de Dios» (1 Corintios 6:19-20).

2. *Ora para que tus hijos adultos vivan en los caminos de Dios.* «En el camino de la justicia está la vida; y en sus caminos no hay muerte» (Proverbios 12:28).

3. *Ora para que tus hijos adultos conozcan a Dios como su Sanador.* «Yo soy Jehová tu sanador» (Éxodo 15:26).

4. *Ora para que tus hijos adultos tengan una fe fuerte para orar por sanidad.* «Y la oración de fe salvará al enfermo, y el Señor lo levantará; y si hubiere cometido pecados, le serán perdonados» (Santiago 5:15).

5. *Ora para que Dios sane a tus hijos adultos.* «Mas yo haré venir sanidad para ti, y sanaré tus heridas, dice Jehová; porque desechada te llamaron, diciendo: Esta es Sion, de la que nadie se acuerda» (Jeremías 30:17).

Ora por audacia para hablar la Palabra de Dios en cuanto a la sanidad

Después que liberaran a Pedro y Juan de la cárcel y de que fueran a contarles a sus compañeros lo sucedido, estos oraban juntos diciendo: «Soberano Señor, tú eres el Dios que hiciste el cielo y la tierra, el mar y todo lo que en ellos hay [...] Y ahora, Señor, mira sus amenazas, y concede a tus siervos que con todo denuedo hablen tu palabra, *mientras extiendes tu mano para que se hagan sanidades* y señales y prodigios mediante el nombre de tu santo Hijo Jesús. Cuando hubieron orado, el lugar en que estaban congregados tembló; y todos fueron llenos del Espíritu Santo, y hablaban con denuedo la palabra de Dios» (Hechos 4:24, 29-31, énfasis añadido).

Este temblor poderoso sucedió porque oraron juntos en unidad, con la misma convicción, fe e intención. Le pidieron a Dios que les permitiera *hablar su Palabra con denuedo.* Le pidieron que *extendiera su mano, que sanara* y *que hiciera señales y maravillas en el nombre de Jesús.* Y Dios respondió esa oración de una manera poderosa e imponente. Nosotros también podemos pedirle a Dios que nos ayude a hablar su Palabra con audacia, sobre todo los versículos de las Escrituras relacionados con la sanidad. Encontrarás algunos de esos pasajes de las Escrituras en la sección «El poder de la Palabra» en la última página de este capítulo. Pídele a Dios que te permita hablar la Palabra de Dios con audacia hoy. Al hacerlo, aumenta tu fe para creer que Dios te puede sanar y te sanará en el nombre de Jesús.

Cuando se enfrentan serias amenazas de salud

Si tu hijo adulto está enfrentando una seria amenaza para su salud, ora con otras personas de fe que creen como tú que Jesús es el Sanador y que la oración en su nombre es lo suficiente poderosa como para dar sanidad. Habla la Palabra de Dios con fe, y alaba a Dios por su gran poder que se mueve por nosotros.

Pídele a Dios que te muestre si hay alguna desobediencia a sus caminos en la vida de tu hijo adulto. Cuando Moisés sacó al pueblo de Israel de Egipto, cuando cruzó el Mar Rojo y se dirigió al desierto, clamó a Dios por ayuda para encontrar agua para beber. El Señor les mostró cómo purificar el agua contaminada y, luego, les dijo que si guardaban los mandamientos del Señor y hacían lo que Él les decía que hicieran, los protegería de enfermedad y los sanaría (Éxodo 15:26).

Dios dejó en claro que tenemos que vivir a su manera si esperamos tener salud y sanidad. Muy a menudo hemos estresado nuestros cuerpos, hemos vivido sin paz ni gozo, hemos comido de manera descuidada y mal y nos hemos quedado sin dormir ni hacer ejercicio. O le hemos dado lugar al pecado que abre la puerta a la enfermedad o las dolencias. Pídele a Dios que te muestre la verdad acerca de tus hijos adultos.

Hay veces en que la sanidad ocurrirá en el cielo, y esa no es la respuesta por la que orábamos o que queríamos escuchar. Si eso le ocurre a uno de tus hijos, ora por la sanidad de Dios en tu corazón y la restauración para tu alma. Nadie debería tener jamás que enterrar a sus hijos, ni siquiera a sus hijos adultos. Sin duda, no hay dolor mayor, y solo con la gracia y el amor de Dios es que incluso sobrevivimos a eso. Sin embargo, el tiempo de muerte de cualquiera está por completo en las manos de Dios. Tu esperanza es que verás a tu hijo en el cielo otra vez.

Si sabes que tu hijo fallecido recibió al Señor, sabes que ahora está con Él. Si no sabes si recibió al Señor antes de morir, tampoco sabes que *no* lo hiciera. Nunca se sabe si en ese momento antes de morir el Señor se le aparece y hay un reconocimiento total y recibe al Señor Jesús como Salvador. Dios es el único que lo sabe. Ten paz al saber que es la voluntad de Dios que nadie perezca lejos de Él. Conociendo el amor y la bondad de Dios como los conozco yo, no dudo que Él redimiera a muchos antes de morir y que nosotros ni siquiera lo sepamos. Con el Señor, siempre está la esperanza de ver a tus hijos otra vez, no importa la edad que tuvieran cuando dejaron este mundo.

Creo que la voluntad de Dios siempre es sanar. ¿Por qué vendría Jesús como nuestro Sanador si no quería sanarnos? ¿Por qué habla tanto la Biblia acerca de sanarnos? En cuanto a por qué no sanan todos los que lo piden, solo lo sabe Dios. Pídele que te muestre cómo proclamar sus promesas de sanidad y pon gran fe en el poder sanador del nombre de Jesús. No importa cuál sea el informe del médico, no dejes de orar por una sanidad total. Ora todos los días para que tus hijos adultos tengan una vida larga y saludable.

—ᴍ—

⟶ EL PODER DE LA ORACIÓN ⟵

SEÑOR, TE PIDO QUE (<u>nombre de tu hijo adulto</u>) disfrute de buena salud y de una vida larga. Dale la sabiduría y el conocimiento necesarios para reconocer que su cuerpo es el templo de tu Espíritu Santo y que hay que cuidarlo y nutrirlo, y no descuidarlo ni maltratarlo. Ayúdalo a valorar la buena salud como un regalo tuyo que hay que proteger y no desaprovecharlo en una vida tonta o descuidada. Incúlcale en su corazón que no debe dar por sentada su buena salud.

Enséñale a tomar buenas decisiones y a rechazar cualquier cosa que menoscabe su buena salud. Revélale cualquier verdad que tenga que verse y dale entendimiento. Enséñale a ser disciplinado en la manera de comer, de ejercitarse y de tener un descanso apropiado. Ayúdalo a poner su cuerpo en servidumbre (1 Corintios 9:27). Dale sabiduría y discernimiento en cuanto a lo que debe y no debe hacer, en cuanto a lo que es bueno y lo que es malo. Ayúdalo a reconocer cuando le da lugar a malos hábitos al cuidar de su salud y que le destruyen su vida. Ayúdalo a valorar su cuerpo lo suficiente como para que lo cuide, y enséñale la manera adecuada de vivir.

Te pido que aprenda a orar con poder por su sanidad. Despiértale una gran fe en el nombre de Jesús. Dale entendimiento para reclamar la sanidad que se logró en la cruz. Te pido que toques cualquier lugar de su cuerpo donde haya enfermedad, dolencia, padecimiento o lesión, y que le des una sanidad completa. Ayúdalo a no rendirse de orar hasta que vea la sanidad total que tienes para él. Ya sea que su sanidad sea instantánea o que se manifieste en una recuperación gradual, te agradezco con antelación por el milagro de sanidad que harás en su cuerpo. Permítele ver que eres tú el que lo sanaste y no el poder humano.

Guía a todos los médicos que lo vean y lo traten. Permíteles hacer los diagnósticos acertados y saber qué hacer con exactitud. Donde la sanidad parezca tardar mucho tiempo, ayúdanos a no perder las esperanzas ni darnos por vencidos, sino a aumentar el fervor y la frecuencia de nuestras oraciones.

Cuando esté enfermo, te pido que seas su Sanador. Te pido que sanes a (<u>el nombre de tu hijo adulto</u>) y, de manera específica, te pido que lo sanes de (<u>nombre de la parte del cuerpo que necesita sanidad</u>). Restaura su salud y sana todas las heridas (Jeremías 30:17). Dale el conocimiento y la fe para decir: «Jehová Dios mío, A ti clamé, y me sanaste» (Salmo 30:2). Sé que cuando *tú* nos sanas, sanamos de verdad (Jeremías 17:14).

Ayúdalo a ser un buen administrador de su cuerpo y a no dar la salud por sentada. Ayúdalo a entender que debe presentarte su cuerpo como un sacrificio vivo, santo, agradable (Romanos 12:1). Permítele entender la idea de glorificarte en el cuidado de su cuerpo, porque es tu morada.

Te lo pido en el nombre de Jesús.

—m—

⌒◦ EL PODER DE LA PALABRA ◦⌒

Bendice, alma mía, a Jehová, y no olvides ninguno de sus
beneficios. Él es quien perdona todas tus iniquidades,
el que sana todas tus dolencias; el que rescata del hoyo tu
vida, el que te corona de favores y misericordias.
SALMO 103:2-4

Sáname, oh Jehová, y seré sano; sálvame, y seré salvo;
porque tú eres mi alabanza.
JEREMÍAS 17:14

Si oyeres atentamente la voz de Jehová tu Dios, e hicieres
lo recto delante de sus ojos, y dieres oído a sus mandamientos,
y guardares todos sus estatutos, ninguna enfermedad de
las que envié a los egipcios te enviaré a ti;
porque yo soy Jehová tu sanador.
ÉXODO 15:26

Mas él herido fue por nuestras rebeliones, molido por nuestros
pecados; el castigo de nuestra paz fue sobre él,
y por su llaga fuimos nosotros curados.
ISAÍAS 53:5

Mas a vosotros los que teméis mi nombre, nacerá el Sol
de justicia, y en sus alas traerá salvación; y saldréis,
y saltaréis como becerros de la manada.
MALAQUÍAS 4:2

11

Ora para que tus hijos adultos

DISFRUTEN UN MATRIMONIO DE ÉXITO Y CRÍEN HIJOS PIADOSOS

—∭—

Una de las cosas más importantes en nuestra mente como padres, y uno de los mayores deseos de nuestro corazón para nuestros hijos adultos, es que hagan la elección adecuada cuando se trata de escoger a su pareja de toda la vida. Lo último que queremos es ver que ocurra un divorcio en su futuro. Aunque no es del todo el fin del mundo si se divorcian, y la gente se recupera y sigue teniendo buenas vidas, nunca es el resultado deseado, y preferiríamos que les fuera bien la primera vez. Por eso es que debemos orar con fervor por nuestros hijos adultos, a fin de que tengan sabiduría en cuanto a esta decisión crucial. Todos sabemos lo fácil que es *pensar* que hemos conocido a la persona adecuada, y resulta que nos habíamos equivocado.

A veces el divorcio es inevitable, como cuando una persona termina casándose con alguien que es abusador, irresponsable, inmoral, insoportable, peligroso o está atado sin esperanza a fuerzas del maligno. Si tu hijo ya cometió un error de estos y terminó en divorcio, puedes orar para que no haya divorcio en su futuro. Puedes orar ahora que el espíritu del divorcio no tenga ninguna parte en su vida de aquí en adelante.

Ora para que tu hijo adulto se case con un creyente

La primera y más importante preocupación de un padre, cuando ora por la persona con la que se casará su hijo adulto, es que sea un creyente piadoso en el Señor. Hay ciertas cosas que puedes y debes pedir de tus hijos adultos. Esta es una de esas. No es solo algo por lo que un padre cause molestias, ni una manera de tratar de controlar sus vidas, pero puedes dejar claro que tu mayor deseo es que se casen con creyentes porque es la voluntad perfecta de Dios para ellos.

Un creyente es alguien con quien tu hijo adulto puede construir una vida buena y sólida, en una base firme y en los caminos de Dios. El pensamiento de que tu hijo o hija se case con una persona que no sea creyente en Dios, o seguidor de sus caminos, es triste. El matrimonio es lo suficiente difícil si se está en yugo desigual y se es incapaz de establecer una base firme en el Señor.

No obstante, si tu hijo adulto ya se casó con alguien que no es creyente, consuélate al saber que es la voluntad de Dios responder oraciones de salvación. Puedes pedirle a Dios que toque a tu yerno o nuera con su amor y verdad y que le lleve a su reino. Pídele a Dios que te use a ti y a otros creyentes para estar al lado del esposo o la esposa de tu hijo adulto a fin de que lleguen a ser canales de ese amor.

Dos mujeres que han estado muy cerca de mí en mi vida están casadas con esposos que no son creyentes, y esos hombres son dos de las personas más piadosas que he conocido. Son mejores cristianos que muchos de nosotros que lo somos en realidad. Ya tienen todo el estilo de vida cristiano; ahora, es asunto de ellos reconocer en su corazón que Jesús es el Señor. Saben la manera de vivir como quiere Dios, sin conocer a Dios. Sin embargo, necesitan esa relación con Jesús, y la plenitud del Espíritu Santo en ellos, para que tengan un futuro eterno con el Señor y bendiciones mayores ahora. Nunca dejamos de orar por eso y creemos que Dios penetrará en su incredulidad.

En la Biblia, Isaac y Rebeca se sintieron muy molestos cuando su hijo de cuarenta años, Esaú, se casó en una sociedad impía, muy lejos de la fe de su familia y cultura, y tuvo múltiples esposas incrédulas (Génesis 26:34). De manera específica, dice de sus esposas «fueron amargura de espíritu para Isaac y para Rebeca» (Génesis 26:35). Esaú sabía que esto no agradaba a sus padres, pero se casó con ellas de todas formas. «Vio asimismo Esaú que las hijas de Canaán parecían mal a Isaac su padre» (Génesis 28:8).

Rebeca le dijo a su esposo que no podía soportar su vida por lo que hizo Esaú, y si su otro hijo, el hermano de Esaú, Jacob, hacía lo mismo, sentía que no valía la pena seguir viviendo. «Y dijo Rebeca a Isaac: Fastidio tengo de mi vida, a causa de las hijas de Het. Si Jacob toma mujer de las hijas de Het, como estas, de las hijas de esta tierra, ¿para qué quiero la vida?» (Génesis 27:46).

Entonces Rebeca animó a Jacob para que se marchara a la tierra de su familia y buscara una esposa que fuera una bendición para Isaac y para ella. Isaac le dijo a Jacob: «No tomes mujer de las hijas de Canaán» (Génesis 28:1). En otras palabras, Isaac le dijo a Jacob que no tomara a una incrédula como esposa, sino que fuera a la tierra de su familia y tomara una esposa de allí. Y como era hijo obediente, eso fue lo que hizo. Al hacerlo, encontró el verdadero amor, y la mayor bendición de su vida, en su esposa Raquel. Con el tiempo, ella se convirtió en la madre de José, que llegó a ser uno de los principales líderes en toda la historia de Israel porque salvó a su pueblo de cierta destrucción. A Jacob también lo engañaron para que tomara otra esposa, la hermana de Raquel, Lea, pero esa es otra historia. El punto es que Jacob es el padre de las doce tribus de Israel. Ninguna viene de Esaú.

Aquí había dos hijos, *criados por los mismos padres piadosos*, y uno se comportó de manera tonta y el otro con sabiduría. Uno obedeció a sus padres, el otro no. Uno llevó a cabo la promesa en la línea de su familia, el otro no. Uno tenía su mente en valores mejores, el otro no. Uno se casó con una creyente, el otro no. Antes de que sucediera todo esto, Esaú vendió a su hermano su primogenitura, la herencia de su padre, por una comida cuando tuvo hambre. Como el mayor de los hermanos gemelos, Esaú habría heredado la mayor parte de las propiedades de su padre y habría llevado el nombre de su padre. Sin embargo, como siempre iba en busca de la satisfacción instantánea, y no estaba dispuesto a esperar y hacer lo adecuado, lo cedió todo.

En esta historia vemos la angustia que sintieron sus padres cuando Esaú se casó con una incrédula. Cualquier padre creyente experimentará esa angustia porque quiere lo mejor para sus hijos adultos. Por eso es que tienes que orar para que tu hijo adulto encuentre un cónyuge en la familia de creyentes. Ora también para que tu hijo adulto llegue a ser todo lo que debe ser en el Señor, para que conozca a una persona piadosa y maravillosa con quien casarse. Sin el Señor, el matrimonio es la mayor apuesta que puede hacer una persona. No hay manera de prever el resultado si no invitas a Dios para que se encargue de todo, ni le pides que revele a la persona adecuada, en el tiempo apropiado.

Una de las cosas por las que hemos orado sin cesar en cada uno de mis grupos de oración que he tenido con padres es que cada uno de nuestros hijos crezca y se case con una persona *maravillosa, piadosa y creyente*. Cuando vemos a la persona que escoge cada uno de estos jóvenes, alabamos a Dios sabiendo que solo Él pudo haber unido a las parejas de una manera tan perfecta.

Mi esposo y yo todavía estamos orando por nuestros hijos adultos. Aun cuando no hemos visto bodas todavía, estoy segura de que nuestras oraciones han impedido algunos errores. Han estado cerca al considerar casarse con alguien que resultó ser la persona indebida. No es que fueran malas personas. Es más, eran personas piadosas, maravillosas y creyentes, pero no eran las personas apropiadas para nuestros hijos adultos. Tengo fe en que Dios traerá a la persona adecuada para cada uno, en el tiempo oportuno. (Solo oramos de que sea durante nuestra vida).

Otro ejemplo en las Escrituras de la preocupación de un padre por la futura pareja de un hijo fue Abraham. Tampoco quería que su hijo, Isaac, se casara con una incrédula. Este es el mismo Isaac del último ejemplo. Por lo que vemos que el padre de Isaac, Abraham, tuvo la misma preocupación por él que Isaac la tuvo después por sus hijos, Esaú y Jacob.

Abraham quería asegurarse de que su hijo no se casara con una de las cananeas impías, sino que se casara con alguna de su propia fe. Por lo tanto, le dio instrucciones a su siervo de mayor confianza para que le buscara una esposa a Isaac. Le dijo: «Te juramentaré por Jehová, Dios de los cielos y Dios de la tierra, que no tomarás para mi hijo mujer de las hijas de los cananeos, entre los cuales yo habito; sino que irás a mi tierra y a mi parentela, y tomarás mujer para mi hijo Isaac» (Génesis 24:3-4).

Al siervo le preocupaba que las mujeres no estuvieran dispuestas a volver con él y pensó que Isaac debía acompañarlo. Sin embargo, Abraham no aceptó eso por algunas razones, y le dijo al siervo que Dios le habló y que enviaría a su ángel delante de él de modo que preparara el camino para que su siervo encontrara la esposa que Dios tenía para Isaac (Génesis 24:5-7).

Era obvio que Abraham había estado en comunicación con Dios en cuanto a esto y había orado de manera específica por una esposa para su hijo. Tenía la dirección del Señor cuando instruyó a su siervo para que fuera a buscarla a la tierra de su pueblo. Por lo que el siervo, entonces, seguiría la dirección del Señor cuando fuera para allá.

El siervo partió como se le instruyó y oró para que Dios le diera éxito (Génesis 24:12). Cuando llegó a la tierra de la familia de Abraham y se acercó al pozo donde la gente del pueblo iba a sacar agua, le pidió a Dios que le mostrara quién debía ser la esposa de Isaac. Oró de manera específica por una señal: que la joven del pozo a la que le pidiera que le diera agua para beber, no solo le diera a *él*, sino que le ofreciera agua para sus *camellos*.

Si eso ocurría, sabría que era la mujer escogida por Dios para que fuera la esposa de Isaac (Génesis 24:13-14).

En el pozo conoció a Rebeca, una joven virgen bella, que fue a sacar agua. No solo le dio agua al siervo, sino que le ofreció sacar agua para sus camellos (Génesis 24:15-20). Además, cuando le sacaba agua del pozo, el siervo volvió a orar en silencio esperando escuchar de Dios para asegurarse de que era la mujer escogida.

Cuando Dios le aseguró que era ella, el siervo le dio a Rebeca joyas que le enviaron con él, como un regalo. Cuando él le preguntó quién era, le explico que pertenecía a la familia que resultó ser la familia de Abraham. El siervo se inclinó y adoró al Señor, agradeciéndole por guiarlo directamente a ese lugar, a la familia de su amo (Génesis 24:26-27). El siervo le contó la historia a Rebeca y a su familia, de cómo Abraham le prometió que un ángel le acompañaría y le daría éxito al buscar esposa para Isaac (Génesis 24:28-40).

Esta bella historia de un padre que ora por la dirección del Señor para encontrar la esposa perfecta para un hijo adulto, puede aplicarse a nuestras vidas también. Claro, había razones por las que Isaac no podía ir a buscarla él mismo. Y en nuestra cultura, nosotros no vamos a buscar esposa para nuestro hijo, o esposo para nuestra hija, ni arreglamos el matrimonio, aunque a veces es un pensamiento tentador. Sin embargo, es aun mejor, ya que podemos buscar a Dios en cuanto a esto y *pedirle* que arregle las cosas. Podemos orar para que guíe a nuestro hijo adulto hacia el *lugar adecuado*, en el *tiempo preciso*, a fin de conocer a la *persona indicada*. Y podemos confiar que el Señor escuchará y responderá nuestras oraciones.

Antes que todo, tenemos que pedir lo que sabemos que es la voluntad de Dios. Abraham no buscó esposa entre las incrédulas. La buscó entre las piadosas, su familia. Como creyentes, los integrantes de nuestra familia son los creyentes, nuestros hermanos y nuestras hermanas en Cristo. Nuestra primera oración debería ser: «Señor, trae a una mujer piadosa y creyente a la vida de mi hijo para que sea su esposa». «Señor, te pido que mi hija encuentre a un hombre piadoso y creyente para que sea su esposo». Si tus hijos adultos ya están casados, ora para que sus cónyuges sean creyentes piadosos.

Ora para que tu hijo adulto se case con una persona de pureza

El siervo de Abraham oró para que la futura esposa de Isaac fuera virgen, una mujer de pureza. La voluntad de Dios para nosotros es que seamos sexualmente puros antes del matrimonio. Y ahora hay mucha gente que es así. Sin embargo, en nuestra cultura de contaminación sexual, moral permisiva, presión de grupo a ser promiscuo y adoración de los ídolos de la lujuria y la gratificación, hay mucha más gente buena que ha cometido errores sexuales. Aun cuando la opción genial sería alguien virgen, y eso es lo que deberías pedir porque es la voluntad de Dios, no le restes importancia al poder del Señor para purificar y redimir a alguien que ha cometido errores. Esa también es la voluntad de Dios: purificar y redimir. Dios puede llevar a la vida de tu hijo o hija a alguien que ha purificado y redimido, donde se confesaron los pecados pasados, hay arrepentimiento por ellos y el corazón es puro y ya no hay fracaso moral. Tienen vida nueva al vivir como una persona de pureza. Cuando Dios purifica, hace la obra completa.

Ora para que tu hijo adulto se case con alguien de carácter piadoso

Otra cosa importante por la que oró el siervo de Abraham, en cuanto a la esposa de Isaac, habla de la naturaleza del carácter de Rebeca. Quería encontrar una mujer que ofreciera ayuda y proveyera para un extranjero necesitado. Rebeca no vaciló en darle agua. Y enseguida ofreció darles agua a sus camellos, sin pensarlo dos veces. No puso los ojos en blanco ni se movió con lentitud ni a regañadientes. Estaba en su carácter ayudar a alguien con amabilidad. No solo le *dio* lo que le *pidió*, sino que le *ofreció* lo que él pidió *en oración*. Dio mucho más de lo que era cortés.

Con una naturaleza misericordiosa, amable y generosa, Rebeca también le ofreció alojamiento para la noche (Génesis 24:21-25).

En mi niñez, solía vivir en una finca agrícola. Cultivábamos maíz y trigo, pero también criábamos ganado. No teníamos electricidad ni agua corriente. Teníamos linternas de gas y retrete fuera de la casa. Sacábamos nuestra agua de un pozo. Si queríamos beber agua, teníamos que llevar un cubo limpio al pozo y sacar el agua a mano, con un lazo que se unía al cubo. Si queríamos bañarnos, que nunca era más que una vez a la semana, teníamos que sacar agua del pozo y calentarla en el fogón de leña. Esto era, por supuesto, después de cortar la leña en pedazos lo bastante pequeños como para ponerlos *en* el fogón de leña. Era un trabajo muy arduo. El agua es pesada para los que nunca la han sacado de un pozo ni la han llevado a la cocina para ponerla en el fogón de leña.

Sacar agua de un pozo da tanto trabajo que a pesar de que le darías sin dudar un vaso a un extraño sediento, lo pensarías dos veces antes de ofrecer traer cubos para sus camellos. No obstante, si eres una persona compasiva, amorosa, generosa y muy considerada como Rebeca, lo harías sin vacilar.

Ora para que tu hijo adulto se case con alguien con una naturaleza misericordiosa, amable, generosa y amorosa.

La Biblia dice que Rebeca era hermosa. Estoy segura de que una gran parte de su belleza era interna, debido a su bello carácter. Sin embargo, no hay nada malo en pedirle a Dios una esposa bella para tu hijo o un esposo apuesto para tu hija. No me refiero a que tengan que ser perfectos, según las normas del mundo, sino que siempre sean atractivos para tu hijo o hija. Recuerda que el Señor puede tomar a cualquier hombre o mujer y embellecer el carácter interno y el espíritu de esa persona. He visto a gente relativamente poco atractiva que viene al Señor y cuando el bello Espíritu de Dios mora en ella, se transforma en gente de una belleza radiante y atractiva.

Ora para que tu hijo adulto tenga suegros maravillosos

No olvides orar para que tus hijos tengan buenas relaciones con sus suegros. Es probable que no haya relaciones más frágiles que las de los suegros, y las malas relaciones con los suegros desarrollan una situación incómoda, hiriente y lamentable. Si tus hijos adultos están casados y tienen suegros, ora para que esas relaciones sean buenas y estables.

Ora también por una buena relación con tu nuera o yerno. Pídele a Dios que te dé dones especiales de sabiduría, sensibilidad, generosidad de espíritu y amor incondicional para que seas la mejor suegra o el mejor suegro posible. Pídele que te muestre cuánto es demasiado y cuánto no es suficiente cuando se trata de comunicación, ayuda y apoyo. Sobre todo, ora para que el amor de Dios fluya a través de ti de una manera que sea claramente evidente.

Si tu hijo adulto ya está casado

Si tu hijo adulto ya se casó con alguien maravilloso, ora para que tu nuera o yerno sea bendecido en todo sentido. No obstante, si tu hijo adulto está casado con alguien que te preocupa, por cualquier razón, ora para que Dios derrame su Espíritu en tu yerno o nuera y manifieste el fruto del Espíritu en su carácter, que es amor, gozo, paz, paciencia, benignidad, bondad, fe, mansedumbre y templanza (Gálatas 5:22-23). Pídele a Dios que le dé un carácter gentil, generoso, bello, atractivo y piadoso. Eso es lo que quiere Dios. Y quién sabe, tus oraciones pueden ayudar a un joven, o a una joven, a encontrar el poder purificador y transformador del Señor.

Si tu hijo adulto está casado con alguien que parece distante, raro o difícil, o que preocupa a tu hijo adulto y hace que sea muy infeliz o que tenga miedo, toma tus rodilleras porque tienes que agregar tiempo de oración en serio. Pide todo lo que has aprendido a pedir para tu hijo adulto en este libro en cuanto a tu yerno o nuera.

Ora para que ames a tu yerno o nuera con todo tu corazón. Si sientes que no tienes esa clase de amor, pídele a Dios que te dé *su* amor por esa persona. Él derramará mucho su amor en tu corazón que fluirá de ti a cada momento. Pide que tenga una fuerte relación consagrada con el Señor. Ya sea que haya recibido al Señor o todavía no, pide que el carácter de Cristo se forme en esa persona. Ora para que seas el mejor suegro o la mejor suegra posible. Ora para que tu relación con esa persona sea enriquecedora y buena. Quizá sea una de las mejores relaciones que puedas tener, o tal vez sea una de las peores. No te conformes con algo menos que grandioso. Y no olvides que Dios puede hacer cosas grandes a través del poder de su amor.

— ⁂ —

Cinco maneras de orar para que tus hijos adultos sean buenos padres

1. *Ora para que reconozcan a sus hijos como un regalo de Dios.* «He aquí, herencia de Jehová son los hijos; cosa de estima el fruto del vientre» (Salmo 127:3).

2. *Ora para que instruyan a sus hijos en los caminos del Señor.* «Instruye al niño en su camino, y aun cuando fuere viejo no se apartará de él» (Proverbios 22:6).

3. *Ora para que enseñen a sus hijos con amor y no con ira.* «Y vosotros, padres, no provoquéis a ira a vuestros hijos, sino criadlos en disciplina y amonestación del Señor» (Efesios 6:4).

4. *Ora para que sean diligentes y sabios para disciplinar a sus hijos.* «El que detiene el castigo, a su hijo

aborrece; mas el que lo ama, desde temprano lo corrige» (Proverbios 13:24).

5. *Ora para que caminen en obediencia a los caminos de Dios al criar a sus hijos, a fin de que sus oraciones reciban respuesta.* «Y cualquiera cosa que pidiéremos la recibiremos de él, porque guardamos sus mandamientos, y hacemos las cosas que son agradables delante de él» (1 Juan 3:22).

—∞—

Diez maneras de orar por tus nietos

1. Ora para que sean saludables y tengan su mente, cuerpo y alma sanos.

2. Ora para que no tengan accidentes, lesiones, ni enfermedades.

3. Ora para que siempre vivan con paz, seguridad y amor.

4. Ora para que se les proteja de personas con malas intenciones que los dañen de cualquier manera.

5. Ora para que lleguen a conocer al Señor temprano en sus vidas, de una manera genuina, profunda y comprometida, de modo que aprendan a andar en sus caminos.

6. Ora para que se les discipline y corrija como es debido, de modo que comprendan las consecuencias de un mal comportamiento.

7. Ora para que tengan un corazón humilde, contrito y enseñable, a fin de que no sean rebeldes y estén lejos de problemas.

8. Ora para que tengas sabiduría de Dios para ser el mejor abuelo y que apoyes con fidelidad los deseos de sus padres.

9. Ora para que Dios les dé a los padres de tus nietos buena salud, gran resistencia, sabiduría divina y paciencia asombrosa.

10. Ora para que Dios te muestre cómo interceder por cada nieto de manera específica.

No tienes que tener nietos para que comiences a orar por ellos. Puedes orar de estas diez maneras anteriores por adelantado. Si ya tienes nietos, eres bendecido y tienes un gran propósito en tu vida. No sabemos cuánta gente se ha salvado, protegido, sanado, tenido éxito, logros y más, todo porque tuvieron a una abuela o un abuelo que oraba por ellos.

Busqué en la Biblia algunas de las oraciones de bendición que hicieron padres piadosos por sus hijos y terminé con un breve resumen que nosotros, como padres, podemos hacer por nuestros hijos adultos, así como por nuestros nietos:

Oro para que Dios te bendiga y te haga fructífero. Oro para que multiplique en todo sentido: con hijos, con éxito en tu trabajo, con aumento en tus finanzas y con un hogar seguro. Oro para que nunca seas vagabundo, que no posee ni tiene nada de valor, sino que eches raíces y poseas la tierra donde moras. Oro para que siempre edifiques una vida buena, sólida y segura para ti, tu cónyuge, tus hijos y tus nietos.

Te lo pido en el nombre de Jesús.

⤳ El poder de la oración ⤶

Señor, te pido por (nombre de tu hijo adulto) y te ruego que le des el cónyuge perfecto. Trae a una persona piadosa a su vida, que esté a su lado por el resto de su vida, en un matrimonio gratificante y feliz. Te pido que tenga un corazón de pureza, y una naturaleza y un carácter que sea misericordioso, amable, generoso y amoroso. Te ruego que siempre se atraigan el uno al otro de una manera duradera.

Por mi hijo adulto que ya está casado te ruego que hagas que junto a su pareja crezcan en amor, gozo, paz, paciencia, benignidad, bondad, fe, mansedumbre y templanza (Gálatas 5:22-23). Te suplico que sus corazones crezcan juntos y no separados. Haz los cambios necesarios en sus vidas. Ayuda a cada uno a aprender a orar en poder por el otro.

Te ruego que se amen y honren entre sí y que aprendan a sujetarse el uno al otro (1 Pedro 5:5). Ayúdalos a comunicarse su mutuo aprecio y respeto. Te pido, ante todo, que tengan «ferviente amor; porque el amor cubrirá multitud de pecados» (1 Pedro 4:8). Mora en su matrimonio, Señor, y hazlo como tú quieres que sea.

Te suplico que el perdón fluya con facilidad entre ellos y que ninguna emoción negativa arruine la atmósfera de su hogar. Te imploro que sus corazones sean amables y dulces hacia el otro, y que siempre sean prioridad el uno para el otro. Que su matrimonio sea una historia de éxito para que no haya divorcio en su futuro.

Señor, ayuda a mi hijo adulto a ser el mejor esposo posible. Enséñale las cosas necesarias para tener un matrimonio de éxito. Dale entendimiento, paciencia y la capacidad de comunicarse bien. Te ruego que no haya orgullo en su corazón que suscite contienda, sino que confíe en ti y sea prosperado (Proverbios 28:25). Saca de su vida cualquier cosa que le impida ser el cónyuge que tú quieres que sea.

Te pido que cada uno de mis hijos adultos tenga hijos saludables, íntegros, inteligentes, dotados y piadosos. Ayúdalos en cada paso de la paternidad y permíteles que tengan éxito al criar hijos obedientes, inteligentes, saludables, felices y productivos. Como padres, dales abundancia de amor, paciencia, entendimiento y sabiduría. Guíalos en cada paso del camino, en cada etapa del desarrollo de sus hijos. Te pido que busquen tu dirección y no la del mundo, de modo que instruyan a sus hijos en tus caminos. Enséñalos a disciplinar, corregir y nutrir a sus hijos como es debido. Ayúdalos a reconocer siempre que sus hijos son un regalo tuyo. Te pido que su relación con cada hijo sea buena y duradera.

Protege a los hijos de mis hijos adultos de cualquier daño y planes del mal. Protégelos de heridas o enfermedades. Te suplico que a cualquiera que tenga malas intenciones nunca se le permita acercarse a ellos. Ayúdalos a conocerte y a aprender a vivir en tus caminos. No permitas que vivan separados de ti. Dales un espíritu humilde y enseñable, e instrúyeles a siempre honrar y obedecer a sus padres y a no caer en rebeldía.

Señor, ayúdame a dejar una gran herencia a mis hijos, y a sus hijos, con respecto a sabiduría, santidad, productividad y plenitud que los bendecirá durante toda su vida (Proverbios 13:22). Ayúdame a tener una vida santa que te agrade, para que no solo conozca yo tu misericordia, sino que ellos también la conozcan (Salmo 103:17-18).

Te lo pido en el nombre de Jesús.

—✦—

⟶ El poder de la Palabra ⟵

Lo que Dios juntó, no lo separe el hombre.
MATEO 19:6

Si Jehová no edificare la casa, en vano trabajan
los que la edifican.
SALMO 127:1

Camina en su integridad el justo; sus hijos son
dichosos después de él.
PROVERBIOS 20:7

Mas la misericordia de Jehová es desde la eternidad y hasta la
eternidad sobre los que le temen, y su justicia sobre los hijos
de los hijos; sobre los que guardan su pacto, y los que
se acuerdan de sus mandamientos para ponerlos por obra.
SALMO 103:17-18

No trabajarán en vano, ni darán a luz para maldición;
porque son linaje de los benditos de Jehová,
y sus descendientes con ellos.
ISAÍAS 65:23

12

MANTENGAN RELACIONES
FUERTES Y SATISFACTORIAS

—◊◊◊—

Las relaciones fuertes son muy importantes para cada uno de nosotros. Todos necesitamos gente buena a nuestro alrededor que nos fortalezca y contribuya a la calidad de nuestras vidas. Además, necesitamos que nuestras relaciones se desarrollen y que no lleguen a ser tensas ni se derrumben.

Las buenas relaciones son cruciales para nuestros hijos adultos. Todos hemos visto lo que pueden hacer las malas influencias o los malos amigos, si no en nuestros propios hijos, lo hemos visto en otros. Aun las malas influencias de gente de negocios con quien pasan una gran cantidad de tiempo en el trabajo es causa de mucha oración. Las relaciones malsanas y poco aconsejables pueden destruir su sentido de lo que Dios quiere que sean y apartarlos del camino que les tiene Dios.

Hay ciertas relaciones que son vitales para que tengan éxito en la vida. Aparte de las relaciones con el cónyuge y los suegros, que ya analicé en el capítulo anterior, otras relaciones importantes son las de amigos, compañeros de trabajo, hermanos y padres. Todos contribuyen a una sensación de bienestar y deben cubrirse de oración. No podemos subestimar el valor de tener estas relaciones fuertes y sólidas, en particular, en las vidas de nuestros hijos adultos.

Ora por las buenas relaciones con amigos piadosos

Nuestros hijos adultos necesitan tener buenos amigos piadosos. Nunca es saludable que alguien esté demasiado aislado,
ya sea desde el punto de vista emocional, mental o espiritual. La
gente demasiado aislada siempre termina un poco desconectada
en su pensamiento y llega a ser un poco rara. Esto es cierto ya
sea en creyentes o no creyentes. Sin embargo, como creyentes
necesitamos que las personas que nos rodeen sean piadosas
y tengan el amor de Dios, el Espíritu Santo y a Jesús en su
interior. La gente que es así nos edifica y nos ayuda a mantener
las cosas en buena perspectiva.

No importa lo fuertes que creamos que somos, algo de la
gente con la que pasamos tiempo influye en nosotros, ya sea
bueno o malo. Por eso es que es importante asegurarnos que
nuestras relaciones más cercanas sean con gente piadosa. La
Biblia dice: «No os unáis en yugo desigual con los incrédulos»
(2 Corintios 6:14). Tenemos que orar para que nuestros hijos
adultos tengan amigos piadosos. No es que nunca puedan estar
cerca de gente que no sea creyente, sino que la gente que más
influya en sus vidas tiene que ser la que conoce al Señor.

La Biblia habla tanto de la importancia de elegir a los amigos
adecuados que no podemos pasar por alto su importancia. He
visto innumerables problemas en las vidas de hijos adultos
que pasaron tiempo con gente inapropiada. «El justo sirve de
guía a su prójimo; mas el camino de los impíos les hace errar»
(Proverbios 12:26). No puede ser más claro que eso. La gente
equivocada nos desviará del camino, sin importar cuánto nos
aseguremos que no ocurra esto.

Si hubo algún problema importante que mi esposo y yo
tuvimos con nuestros hijos adultos fue que hubo épocas en que
dejaron que las personas inapropiadas llegaran a ser influyentes
en sus vidas. Y esas relaciones los apartaron del camino que
les tenía Dios. Mis hijos adultos, por naturaleza, eran amables,
amistosos y acogedores con todos, y pensaban que podían tratar
a alguien que fuera un poco más mundano, en especial cuando

esa persona se disfrazaba de cristiana. Sin embargo, en esa época eran demasiado jóvenes y no tenían experiencia para analizar a esta gente y cualquier relación que los metería en problemas. A través de las oraciones de padres e integrantes de grupos de oración, sus ojos al fin se abrieron para ver la verdad en cuanto a esas relaciones en particular y enseguida las abandonaron.

Ahora, aunque no hay amigos problemáticos en sus vidas, todavía oro por esto. Las malas influencias son parte del plan del enemigo para nuestra muerte, por lo que sigo pidiéndole a Dios que les dé sabiduría, entendimiento y revelación en cuanto a la gente que conocen y con la que pasan tiempo. La compañía que nuestros hijos adultos mantienen es una de las decisiones más importantes que tendrán que tomar.

Ora para que tus hijos adultos elijan a sus amigos con sumo cuidado a fin de que no terminen desviados. En esta cultura, donde hay tanta influencia del mal, es difícil conocer el verdadero carácter de una persona, a menos que tengas sabiduría y discernimiento de Dios. Ora para que tus hijos adultos tengan un fuerte sentido de quién es una buena influencia y quién no lo es. Eso les ayudará a tomar buenas decisiones en cuanto a con quién se relacionan y en quién confían. La calidad de sus amistades influirá en su calidad de vida.

Ora por las buenas relaciones con los compañeros de trabajo

Conozco a un joven que trataba de encontrar aprobación de la gente *para* la que trabajaba y *con* la que trabajaba. Trataba de mantener el ritmo, pero ellos estaban acostumbrados a cierto estilo de vida y él no. Podían controlar su bebida, pero él no. Por lo que estuvo cerca de convertirse en alcohólico. Asociarse con esta gente acabó costándole casi todo, incluso su buena reputación, sin mencionar la confianza de las personas que más le importaban. También sacrificó unos años de su vida y experimentó un revés en su carrera.

Tenía padres que oraban y que llegaron a su rescate cuando se les reveló lo que pasaba. Por la forma en que se veía, pudieron entender que algo andaba mal, pero no tenían una evidencia concreta. Primero, llamaron a algunos amigos creyentes, cercanos y de confianza, para que los apoyaran en oración. Luego, junto con su pastor, lo enfrentaron justo cuando su vida comenzaba a desmoronarse. Fue algo horrible y doloroso para todos los implicados, pero mediante este dolor por un enfrentamiento amoroso y la oración continua, la vida de este joven dio un giro.

Presento este ejemplo porque a nadie se le habría ocurrido de que algo así podría pasarle a este joven en particular. Era un creyente piadoso que creció en un hogar bueno y de creyentes. Todo esto sucedió por la compañía que mantuvo debido a sus relaciones de trabajo. No eran amigos los que había elegido, sino compañeros de trabajo a los que trataba de impresionar y creía que necesitaba encontrar su aceptación.

Ora para que tus hijos adultos encuentren aceptación de la gente *para* la que trabajan, y *con* la que trabajan, sin tener que comprometer nada de lo que es bueno a los ojos de Dios. Claro, si no pueden llevarse bien con los demás, tendrán problemas para mantener una carrera buena, duradera y de éxito, pero llevarse bien no significa desechar lo que conocen como los caminos de Dios. Ora para que tengan el respeto de sus compañeros de trabajo *por* su estilo de vida piadoso.

Ora por las buenas relaciones con sus hermanos y hermanas

Es importante que todos tengan buenas relaciones con sus hermanos y hermanas. (Si tu hijo adulto es hijo único, es probable que haya algún primo u otro familiar que sea como su hermano o hermana). Siempre he orado para que mis hijos tengan una buena relación mutua, y estoy agradecida al ver que son muy cercanos hasta ahora. Estoy segura de que después que mi esposo y yo nos hayamos ido, continuarán estando cerca. He visto a demasiados hermanos crecer y que rara vez se vuelven a ver. Y cuando parten los padres, nunca se comunican. Mucha gente no se da cuenta de lo importante que son los vínculos familiares para su bienestar.

Podría ser obvio, pero es tan importante que no demuestres favoritismos con tus hijos. Solo crea resentimiento y odio, y desunión familiar. Mucha gente no se percata cuando tiene favoritos, pero los hijos adultos sí. A veces es posible que sea mucho más fácil estar con alguno de los hijos o llevarse bien con él que con el otro. Si tienes un favorito, pídele a Dios que te dé un amor igual para tus hijos adultos, así como Él lo tiene para todos los suyos. Pídele que te ayude a demostrar un amor igual a cada uno de ellos, de una manera que puedan verlo con claridad.

Un ejemplo perfecto de un padre que tiene un hijo favorito entre sus hijos es Jacob, que después se llamó Israel. «Y amaba Israel a José más que a todos sus hijos, porque lo había tenido en su vejez; y le hizo una túnica de diversos colores. Y viendo sus hermanos que su padre lo amaba más que a todos sus hermanos, le aborrecían, y no podían hablarle pacíficamente» (Génesis 37:3-4).

El hecho de que Jacob favoreciera a su hijo menor ocasionó un gran resentimiento entre sus hermanos. Además, José les contó a sus hermanos un sueño que tuvo y que sugería que sus hermanos un día se inclinarían ante él. Entonces «sus hermanos le tenían envidia» y «conspiraron contra él para matarle» (Génesis 37:11, 18). Sin embargo, llegaron los traficantes de esclavos y los hermanos de José se lo vendieron en lugar de matarlo (Génesis 37:28). Esta fue una situación terrible que Dios después transformó en algo bueno debido a la piedad de José. Al final, él y sus hermanos se reconciliaron, la familia se reunió y José los salvó a todos de una severa hambruna en la tierra.

Si tienes una familia mixta con hijos de una madre o un padre distinto como José (él y sus hermanos tenían el mismo padre, pero cuatro madres diferentes) o hijastros que se integraron a tus hijos, ora para que no haya celos entre ellos. Pídele a Dios que te ayude a evitar la demostración de favoritismo que ocasionaría resentimiento. El favoritismo siempre resultará en muerte de alguna clase: muerte de una relación, muerte de amor y bondad, y muerte de la familia, pues después que tú y el otro padre de esos hijos mueran, la familia se separará por completo. Demasiado a menudo he visto estos resultados en las familias y es muy triste. Ora para que esto no suceda en tu familia. Ora por buenas relaciones entre todos tus hijos, de modo que cuando te hayas ido, ellos no se queden sintiéndose a la deriva. Todos necesitan de este sentido de familia más de lo que se dan cuenta.

Ora para que tus hijos no acaben celosos, los unos de los otros, por *ninguna* razón. Arregla tu testamento y asegúrate de que todo esté dividido de forma equitativa, aunque tengas poco con relación a las riquezas. He visto hermanos que pelean por la herencia pequeñita que no se declaró con claridad en un testamento o que se escribió muy bien en un documento legal y que revelaba un favoritismo dañino. Estos hermanos y hermanas se dividieron y quedaron devastados por el resto de sus vidas.

El conflicto y la competitividad entre hermanos son dañinos para todos los involucrados, y pueden ser esclavizantes para ellos: esclavitud al resentimiento, la amargura, la ira, el odio, los sentimientos de rechazo y a la desconfianza, lo cual resulta en relaciones familiares quebrantadas. Si esto ya ha ocurrido de alguna manera en tu familia, ora para que se rompa ese espíritu de división. Pídele a Dios que sane las heridas y restaure las relaciones entre hermanos. «Por tanto, si traes tu ofrenda al altar, y allí te acuerdas de que tu hermano tiene algo contra ti, deja allí tu ofrenda delante del altar, y anda, reconcíliate primero con tu hermano, y entonces ven y presenta tu ofrenda» (Mateo 5:23-24).

Si nada de eso ha ocurrido en tu familia, pídele a Dios que te ayude a asegurarte que no ocurra nunca. Cualquier cosa que destruya las relaciones entre tus hijos adultos ayudará a cumplir el plan del enemigo para su destrucción.

Ora por las buenas relaciones con los padres

Una de las mayores bendiciones que tus hijos adultos recibirán es tener en ti un amigo piadoso. Siempre serás su mamá o papá, pero cuando establezcan sus propias vidas y no dependan de ti, tienes que pedirle a Dios que te ayude a encontrar el equilibrio perfecto de ser un padre amoroso, pero no asfixiante; que anima, pero no consiente; que se preocupa, pero no critica; que cuida, pero no es controlador; que edifica, pero no es autoritario; que apoya, pero no incapacita. Solo Dios puede ayudarte a caminar en esa línea sensible.

Si tu relación con tu hijo adulto se ha dañado, o se ha dañado con su otro padre, entiende que Dios puede restaurarla y desea hacerlo. Todas las relaciones son vulnerables a la destrucción si Dios no la mantiene unida, en contra de los ataques del enemigo. El enemigo quiere destruir nuestras relaciones porque sabe que eso nos debilita y no agrada a Dios.

El deseo del enemigo es llevar confusión a las relaciones y ocasionar interpretaciones equivocadas de palabras, acciones o intenciones. Ciega a la gente a la verdad y les da mentiras. Sabe cómo separar a la gente de Dios y a unos de otros. Sin embargo, el poder de Dios es mucho mayor que el del enemigo. El enemigo solo gana en nuestras vidas cuando puede hacernos creer una mentira acerca de Dios.

Cada vez que ores por tus hijos adultos, recuerda que siempre tienen un enemigo que quiere verlos con los ojos cubiertos, engañados, abatidos y destruidos. La Biblia es muy clara en cuanto a la existencia de Satanás y sus intenciones en nuestras vidas. Aun así, la Biblia también dice que Jesús conquistó la muerte y el infierno en la cruz. Eso quiere decir que derrotó la capacidad del enemigo de controlar nuestras vidas. *Cuando estás orando por algo que parezca irremediable o absolutamente inalterable en las vidas de tus hijos adultos, recuerda que no estás en guerra en su contra; estás en guerra con el enemigo, que es el dios de este siglo que ciega a la gente a la verdad* (2 Corintios 4:3-4).

El Señor puede dar vida a cualquier relación muerta. Puede enmendar una relación quebrantada. Puede reconectar una relación rota. Tus oraciones pueden darle vuelta a las cosas y ayudar a que eso suceda. Tus oraciones pueden prometer perdón, restauración y sanidad donde se necesite.

Hasta en el linaje del rey David, a través del cual vendría después el Mesías, hubo relaciones rotas y tensas. Sin embargo, Dios sacó un gran bien de ese linaje con el nacimiento de su Hijo, Jesús. Dios hará lo mismo en tus relaciones con tus hijos adultos y sus relaciones con otros familiares también. Responderá a tus oraciones por reconciliación. Nada está más allá del alcance de la gracia de Dios, de las promesas de su Palabra, ni del alcance de la mano del Salvador que se extiende hacia ti y tus hijos adultos. Dios puede penetrar en nuestra terquedad, orgullo, daño, falta de perdón, ira y dolor. Puede restaurar cualquier relación que tus hijos tengan con cualquier padre y dar a luz algo nuevo y grande en el proceso.

Demuéstrales el amor de Dios a tus hijos con las palabras que les dices. «Sea vuestra palabra siempre con gracia, sazonada con sal, para que sepáis cómo debéis responder a cada uno» (Colosenses 4:6). Pídele a Dios que te dé sabiduría cuando les hables a fin de que tus palabras no sean de crítica ni hirientes en manera alguna. «Hay hombres cuyas palabras son como golpes de espada; mas la lengua de los sabios es medicina» (Proverbios 12:18). Pídele a Dios que te muestre cómo brillar con su luz de amor incondicional por cada uno de ellos (Mateo 5:14-16).

Si estás orando desde lejos, diles cómo estás orando a manera de estímulo. Haz que sea una afirmación positiva. No digas: «Estoy orando por ti y esa esposa tuya para que dejen de tomar decisiones tontas con sus finanzas». En lugar de eso, di: «Estoy orando para que Dios derrame abundancia en ustedes dos todos los días». No digas: «Estoy orando para que despiertes y te deshagas de todos tus amigos rufianes». En cambio, di: «Estoy orando para que tengas sabiduría y revelación de Dios de modo que siempre tomes buenas decisiones».

Los hijos adultos siempre se benefician de cualquier bendición que pronuncies para sus vidas, así que menciona bendiciones para ellos cuando estés a su lado. Di algo como: «Estoy orando para que Dios te abra puertas que nadie pueda cerrar». O: «Estoy orando para que Dios use los dones y talentos que te ha dado para su gloria».

Solo porque ahora son mayores no significa que tus hijos adultos ya no necesiten de tu amor y apoyo emocional. Es posible que se comporten como si no lo necesitaran, porque quieren que sepas que pueden manejar sus vidas por su cuenta, pero la verdad es que lo necesitan más de lo que manifiestan. Los problemas que enfrentan son mayores y la oposición es más feroz. Ora para que todas sus relaciones sean fuertes, pero en especial contigo y sus otros padres o padrastros.

Ora para que a tu hijo adulto nunca lo derrumbe la falta de perdón y la amargura en ninguna de sus relaciones, más bien para que el perdón fluya como agua de una fuente en sus corazones.

—⚋⚋—

⤚ EL PODER DE LA ORACIÓN ⤙

SEÑOR, TE PIDO QUE (<u>nombre de tu hijo adulto</u>) tenga amigos piadosos en su vida. Te ruego que sean una influencia positiva en su vida. Permítele ver la verdad de las personas y que les atraigan las que sean buenas. Dale la fortaleza y la sabiduría para separarse de cualquiera que no sea una buena influencia. Aparta de su vida cualquiera que sea una mala influencia y que lo aleje de ti y tus caminos (1 Corintios 5:11).

Te suplico que tenga amigos que le digan la verdad en amor (Proverbios 27:6) y que le den buen consejo y dirección (Proverbios 27:9). Te pido por amigos que sean sabios (Proverbios 13:20) y que siempre le sean un fuerte apoyo (Eclesiastés 4:9-10). Te ruego que cada relación de su vida te glorifique a ti, Señor.

Además de los amigos, te suplico en especial por buenas relaciones con sus padres, hermanos y otros familiares. Bendice esas relaciones con amor profundo, gran compasión, comprensión mutua y buena comunicación. Donde haya brechas o lugares ásperos en cualquiera de esas relaciones, te ruego que lleves paz, sanidad y reconciliación. Te suplico que el enemigo no pueda romper ninguna relación familiar ni amistad.

Te pido de manera específica por su relación con (<u>nombre de una persona</u>). Te ruego que sanes cualquier brecha o tensión entre ellos y que traigas armonía con el poder de tu Espíritu Santo. Donde haya mala comunicación, lleva claridad y buena comunicación. Donde haya un agravio legítimo, lleva arrepentimiento y disculpa. Cuando la relación se rompa, por cualquier razón, lleva sanidad y restauración.

Te suplico que siempre tenga buenas relaciones con sus compañeros de trabajo. Si hay algún compañero de trabajo impío, te pido que mi hijo adulto sea una influencia piadosa en esa persona. Ayúdalo a ser fuerte y no débil con la intimidación. Te ruego que camine con los sabios y llegue a ser más sabio, y que no se «junte con necios» y lo destruyan (Proverbios 13:20).

Ayúdalo a aprender la obediencia del perdón. Permite que perdone con facilidad y que no guarde rencores, resentimientos, amarguras, ni una lista personal de agravios. Ayúdalo a liberarse enseguida de la falta de perdón a otros, de modo que eso nunca interfiera su relación contigo, ni tarde el perdón que tiene que tener a fin de que se enriquezca su propia vida (Marcos 11:25).

Te lo pido en el nombre de Jesús.

—m—

⟿ El poder de la Palabra ⟾

El que anda con sabios, sabio será; mas el que se junta
con necios será quebrantado.
Proverbios 13:20

Compañero soy yo de todos los que te temen y guardan
tus mandamientos.
Salmo 119:63

No os unáis en yugo desigual con los incrédulos; porque
¿qué compañerismo tiene la justicia con la injusticia? ¿Y qué
comunión la luz con las tinieblas? ¿Y qué concordia Cristo con
Belial? ¿O qué parte el creyente con el incrédulo?
2 Corintios 6:14-15

No entres por la vereda de los impíos,
ni vayas por el camino de los malos.
Proverbios 4:14

Pero si andamos en luz, como él está en luz, tenemos
comunión unos con otros, y la sangre de Jesucristo
su Hijo nos limpia de todo pecado.
1 Juan 1:7

13

Ora para que tus hijos adultos

ESTÉN PROTEGIDOS Y SOBREVIVAN EN TIEMPOS DIFÍCILES

—◦◦◦—

Incluso antes de que nazcan, una de las primeras oraciones que hacemos por nuestros hijos es por su protección. Y seguimos orando por eso casi todos los días desde entonces. La preocupación más importante de cualquier padre es que su hijo tenga la protección de lesiones graves y enfermedades. También queremos que estén protegidos en contra de la gente mala que desea hacer hechos criminales en su contra. Y, de seguro, queremos que estén protegidos de una muerte prematura. Oramos para que nos sobrevivan y disfruten de una vida larga y saludable. No importa la edad que tenga tu hijo, a lo mejor tengas noventa y nueve años y tu hijo adulto ochenta y uno, la protección siempre será una preocupación. Por eso es que orar por la protección de Dios en su vida es la única manera de alguna vez tener paz en ese sentido.

Mi hermana, Suzy, y yo hemos estado en un grupo de oración semanal junto con algunas otras mujeres durante veinte años. Cada semana oramos en especial por cada uno de nuestros hijos adultos. La hija de Suzy, mi sobrina, Stephanie, tiene la misma edad de mi hija Amanda. En realidad, solo se llevan dos semanas. Una de las mayores bendiciones ha sido verlas crecer juntas. Algo por lo que siempre hemos orado por ellas ha sido para que Dios las proteja.

Cuando Stephanie tenía veintitantos años, y menos de un año de casada, a su esposo, Jeremy, graduado de West Point y oficial del ejército, lo destacaron en Iraq para un año de servicio. (Debo agregar que Jeremy es, sin duda, una respuesta maravillosa a nuestras oraciones por un esposo piadoso y perfecto para Stephanie). Cuando las tropas se fueron de la comunidad donde vivían, cerca de la base del ejército, el lugar se convirtió en algo parecido a un pueblo fantasma, casi todos los hombres estaban fuera y muchas de las mujeres y los niños se mudaron para vivir con sus padres. Stephanie vivía sola en su casa y se sentía muy vulnerable por eso. Había sido parte de mi grupo de oración por algunos años, por lo que nos pidió que oráramos sobre todo por su seguridad durante ese tiempo.

En cada una de las reuniones de nuestro grupo de oración, casi siempre leíamos la Palabra, teníamos un tiempo de adoración y después nos cubríamos en oración a nosotras mismas, y a todos los integrantes de nuestra familia inmediata, por seguridad y protección. Sin embargo, esta semana en particular hicimos una mención especial de Jeremy, que peleaba en una zona de guerra peligrosa, y de Stephanie, sola en casa, en un pueblo con poca gente.

Lo que tienes que saber de Stephanie es que quizá sea la persona más meticulosa, organizada y responsable que conozco. Aun así, una tarde salió de compras a la tienda de comestibles y al llegar a casa oyó que el teléfono sonaba y que los perros ladraban. Era tan diligente para no perder una llamada, en caso de que su esposo llamara desde Iraq, que corrió a la puerta, puso enseguida sus comestibles en la encimera y se apresuró a responder el teléfono. Cuando terminó la llamada, guardó sus comestibles y preparó su cena. Una vez que terminó de comer, alimentó a los perros y limpió la cocina, era hora de prepararse para la cama. Se aseguró que todas las puertas estuvieran aseguradas y que todas las luces estuvieran apagadas, excepto la luz del portal, y luego se fue a su habitación y se metió a la cama.

Sin embargo, no pudo dormirse enseguida.

Siguió sintiéndose cada vez más intranquila por su seguridad. Se sintió fuertemente impulsada a orar de manera específica que Dios la protegiera a ella y a las mujeres que estaban solas en sus casas de la misma calle esa noche. También oró con fervor por la seguridad de su esposo. Se preguntaba si era por él que se sentía impulsada a orar con tanta intensidad, pero mientras más oraba, más sentía que era por su propia seguridad que necesitaba orar.

Cuando se despertó, a la mañana siguiente, fue a la puerta del frente, como lo hacía casi siempre para recoger el periódico de los escalones. Cuando abrió la puerta, se sintió horrorizada al ver las llaves de la casa, con las llaves del automóvil unidas, todavía en la cerradura de la puerta. Habían estado en la cerradura, a unos cuantos metros de la calle y con la luz del portal que las iluminaba, toda la noche. Cualquiera pudo haber entrado a la casa y no habría habido nadie que lo detuviera. Stephanie sabía que Dios la había guiado a orar esa noche por su propia seguridad, y sabía que Él era quien la protegió. De inmediato, llamó a los integrantes del grupo de oración y nos contó lo que había pasado. Todos sabíamos que Dios respondió nuestras muchas oraciones por su seguridad.

—◦—

DIEZ MANERAS DE ORAR POR PROTECCIÓN PARA TUS HIJOS ADULTOS

1. *Ora para que tus hijos adultos tengan la sabiduría y el buen juicio para hacer lo adecuado.* Su sabiduría los mantendrá lejos del camino del daño más de lo que nos imaginamos. «Porque Jehová da la sabiduría, y de su boca viene el conocimiento y la inteligencia.

Él provee de sana sabiduría a los rectos; es escudo a los que caminan rectamente. Es el que guarda las veredas del juicio, y preserva el camino de sus santos» (Proverbios 2:6-8).

2. *Ora para que tus hijos adultos aprendan a temer a Dios y no al hombre.* Cuando le temen al hombre hacen cosas tontas, impías y lamentables. «El temor del hombre pondrá lazo; mas el que confía en Jehová será exaltado» (Proverbios 29:25).

3. *Ora para que tus hijos adultos confíen en Dios y en su Palabra.* Confiar en los caminos de Dios los mantendrá por el buen camino. «Toda palabra de Dios es limpia; él es escudo a los que en él esperan» (Proverbios 30:5).

4. *Ora para que tus hijos adultos vivan en la presencia de Dios, donde hay seguridad.* Cuando invitan a Dios a que more en los lugares secretos de su corazón, vivirán bajo su sombra protectora y escondidos del peligro. «El que habita al abrigo del Altísimo morará bajo la sombra del Omnipotente» (Salmo 91:1).

5. *Ora para que tus hijos adultos hagan de Dios su refugio y que lo busquen para que Él los proteja.* Pueden confiar en que Dios los librará del peligro de todos los ataques del enemigo. «Diré yo a Jehová: Esperanza mía, y castillo mío; mi Dios, en quien confiaré. Él te librará del lazo del cazador, de la peste destructora» (Salmo 91:2-3).

6. *Ora para que tus hijos adultos estén escondidos en el Señor y usen su Palabra como su escudo.* Tienen que reconocer que la Palabra de Dios actúa como una barrera protectora que los protege del ataque del

enemigo. «Con sus plumas te cubrirá, y debajo de sus alas estarás seguro; escudo y adarga es su verdad» (Salmo 91:4).

7. *Ora para que tus hijos adultos no vivan con temor al peligro ni a la enfermedad.* Si mantienen sus ojos en Dios, no tendrán que vivir en temor por los ataques que pueden ocurrir en cualquier tiempo, de día o de noche. «No temerás el terror nocturno, ni saeta que vuele de día, no temerás el terror nocturno, ni saeta que vuele de día» (Salmo 91:5-6).

8. *Ora para que tus hijos adultos no tengan miedo, aun cuando vean que la destrucción ocurre a su alrededor.* Esto no es vivir sin reconocer el peligro; es saber que como están caminando con Dios, pueden contar con Él. «Caerán a tu lado mil, y diez mil a tu diestra; mas a ti no llegará» (Salmo 91:7).

9. *Ora para que tus hijos adultos comprendan las consecuencias de no vivir a la manera de Dios.* Demasiada gente no entiende que hay un precio que pagar por la desobediencia, y algún día tendrán que pagarlo. La recompensa por la desobediencia no es recompensa en absoluto. «Ciertamente con tus ojos mirarás y verás la recompensa de los impíos» (Salmo 91:8).

10. *Ora para que tus hijos adultos entiendan que la recompensa por vivir a la manera de Dios es su protección.* Cuando viven a la manera de Dios, Él los mantendrá por el buen camino, fuera del camino del perjuicio, protegidos del mal, de los daños y las enfermedades. «Porque has puesto a Jehová, que es mi esperanza, al Altísimo por tu habitación, no te sobrevendrá mal, ni plaga tocará tu morada» (Salmo 91:9-10).

Ora para que Dios rodee de ángeles a tu hijo adulto

La Biblia tiene mucho que decir de los ángeles. Y de manera específica de los que nos protegen. He aquí algunos grandes ejemplos de la aparición de ángeles:

El ángel del Señor se le apareció varias veces a José, esposo de María, con relación a dónde tenían que ir para estar a salvo. El ángel instruyó a María y a José para que se fueran de Belén con Jesús. «Después que partieron ellos, he aquí un ángel del Señor apareció en sueños a José y dijo: Levántate, y toma al niño y a su madre, y huye a Egipto, y permanece allá hasta que yo te diga; porque acontecerá que Herodes buscará al niño para matarlo» (Mateo 2:13).

Un ángel del Señor entró en la prisión de Pedro y lo rescató. En un capítulo anterior de este libro describí cómo un ángel llevó a Pedro hacia la libertad de una manera que era humanamente imposible. «Y he aquí que se presentó *un ángel del Señor*, y una luz resplandeció en la cárcel; y tocando a Pedro en el costado, le despertó, diciendo: Levántate pronto. Y las cadenas se le cayeron de las manos [...] y salidos, pasaron una calle, y luego el ángel se apartó de él. Entonces Pedro, volviendo en sí, dijo: Ahora entiendo verdaderamente *que el Señor ha enviado su ángel, y me ha librado* de la mano de Herodes, y de todo lo que el pueblo de los judíos esperaba (Hechos 12:7-11, énfasis añadido).

Un ángel visitó al apóstol Pablo en medio de un huracán. El ángel habló con Pablo acerca de lo que le ocurriría y de lo que no le ocurriría. Pablo estuvo a salvo y ocurrió todo como el ángel lo predijo: «Porque esta noche ha estado conmigo el ángel del Dios de quien soy y a quien sirvo, diciendo: Pablo, no temas; es necesario que comparezcas ante César; y he aquí, Dios te ha concedido todos los que navegan contigo» (Hechos 27:23-24).

Jesús habló de lo importante que son los ángeles guardianes de nuestros hijos. Los discípulos le preguntaban a Jesús quién era el mayor en el reino de los cielos (Mateo 18:1). Entonces Jesús llamó a un niño y les dijo: «Así que, cualquiera que se humille como este niño, ese es el mayor en el reino de los cielos. Y cualquiera que reciba en mi nombre a un niño como este, a mí me recibe» (Mateo 18:4-5). Luego, Jesús dijo: «Mirad que no menospreciéis a uno de estos pequeños; porque os digo que *sus ángeles en los cielos ven siempre el rostro de mi Padre que está en los cielos*» (Mateo 18:10, énfasis añadido). Dios asigna ángeles guardianes para que cuiden de nuestros hijos.

No hay lugar en la Biblia que diga que estos ángeles guardianes le digan al niño cuando cumple diez o doce años: «Bueno, se acabó mi trabajo. Ahora, estás por tu cuenta. Buena suerte y trata de no hacer nada tonto». No, Jesús dice de los niños que no es la voluntad de su Padre en los cielos que ninguno de ellos perezca (Mateo 18:1-14). Eso me dice que el daño, la destrucción, la muerte o la pérdida de algún hijo, de cualquier manera, es obra del enemigo y no la voluntad de Dios.

Tu hijo adulto todavía es tan importante para Dios como cuando era un niño pequeño. Sin embargo, como adulto, está en una edad en que toma sus propias decisiones en cuanto a si vivirá en los caminos de Dios o no, o si se arrepentirá o será rebelde.

En la Biblia, se habla de los ángeles como «*espíritus ministradores*, enviados para servicio a favor de los que serán herederos de la salvación» (Hebreos 1:14, énfasis añadido). También dice: «*Pues a sus ángeles mandará acerca de ti, que te guarden en todos tus caminos*. En las manos te llevarán, para que tu pie no tropiece en piedra» (Salmo 91:11-12, énfasis añadido). Cuando leemos esos dos versículos anteriores a la luz del resto del Salmo 91, podemos ver que Dios pondrá a sus ángeles a cargo de nosotros para que nos protejan *cuando vivimos a su manera*. Si queremos la protección de los ángeles, tenemos que vivir dentro de los límites y bajo la sombra de la protección de Dios. Tenemos que morar en el Señor y hacerlo nuestro refugio. Esto es justo por lo que tenemos que orar en cuanto a nuestros hijos adultos.

Ora para que tus hijos adultos tengan una vida larga y fructífera

Nunca queremos sobrevivirles a nuestros hijos. Y no queremos morir jóvenes. Queremos vivir para ver que nuestros hijos pequeños se conviertan en adultos y que tengan una vida larga, saludable y fructífera. Queremos ver que nuestros hijos crezcan. Dios da a nuestros hijos una manera de tener una vida larga y bendecida, es decir, que lo amen y lo obedezcan. «Por cuanto en mí ha puesto su amor, yo también lo libraré; le pondré en alto, por cuanto ha conocido mi nombre. Me invocará, y yo le responderé; con él estaré yo en la angustia; lo libraré y le glorificaré. Lo saciaré de larga vida, y le mostraré mi salvación» (Salmo 91:14-16).

El quinto de los Diez Mandamientos es el primer mandamiento con promesa. Dice: «Honra a tu padre y a tu madre, *para que tus días se alarguen* en la tierra que Jehová tu Dios te da» (Éxodo 20:12, énfasis añadido). Honrarte como su padre es otra manera de que tus hijos obedezcan a Dios y tengan una vida larga y fructífera.

Cuando el apóstol Pablo instruyó a todos los hijos para que obedecieran a sus padres, dijo que deberían honrarlos: «*Para que te vaya bien, y seas de larga vida sobre la tierra*» (Efesios 6:1-3, énfasis añadido). Un hijo que honra a su padre y a su madre verá que su vida anda bien y que dura mucho. Repito, no veo un punto de separación donde Dios diga: «Ahora ya eres adulto, así que ya no tienes que honrar a tus padres». Esta promesa es para toda nuestra vida. Si un hijo adulto deshonra a su padre, a cualquier edad, no verá la vida larga, exitosa y satisfactoria que Dios tiene para él.

A los hijos hay que *enseñarles* a honrar a sus padres, no solo por amor y respeto, sino también por temor a Dios. Tienen que reconocer muy bien lo que Dios espera de ellos y tener el deseo de agradarlo. Si tu hijo adulto te trata sin respeto, o te considera como alguien a quien tolerar en lugar de apreciar, ora de inmediato por un cambio de su corazón. Si tu hijo se salió con la suya al ser irrespetuoso contigo cuando era pequeño, es probable que todavía sea así. Sin embargo, no importa la edad que tenga. No deberías permitirlo.

Siempre es poderoso que un padre apoye al otro. Me encanta oír a un padre que dice: «No le hables a tu madre de esa manera». Eso puede hacerse con hijos adultos, así como con hijos pequeños. Si permites que tu hijo adulto te deshonre, a ti o a su otro padre, contribuyes a su ruina. No se trata de encontrar un buen regalo para el Día de las Madres o de los Padres; se trata de que te demuestren respeto, aprecio y honra.

Tengo una amiga que es creyente, pero su esposo no. La llamaré Abby y a su esposo Juan. La primera esposa de Juan lo dejó con dos hijos muy pequeños, a quienes crió solo. Años después, cuando Abby conoció a Juan, los hijos tenían como ocho y diez años. Después que Juan y Abby se casaron, ella crió a los hijos como si fueran suyos. Ahora son adultos y casi de cuarenta años.

Aunque estos hijos adultos siempre han honrado a Abby como su madre, sobre todo en el Día de las Madres, tuvieron una riña con su padre. Juan les dio su opinión acerca de un aspecto de sus vidas, pero no fue bien recibido, por lo que dejaron de hablarle. Tanto el año pasado como este año, ni siquiera llamaron ni le enviaron una tarjeta por el Día de los Padres, su cumpleaños, ni Navidad. Claro que él se ha sentido muy herido por eso.

Juan tiene casi setenta años, y solo Dios sabe cuánto tiempo nos queda a cualquiera de nosotros en esta tierra. Es desconsolador para Abby ver cómo sus hijos adultos han deshonrado a su padre, que les dedicó toda su vida y renunció a tantas cosas para criarlos. No solo le han hecho mucho daño, sino que también están cortando bendiciones para sus propias vidas.

Si yo estuviera en el lugar de Abby, llamaría a cada uno de los hijos y les explicaría el daño que se está haciendo. Aun así, primero oraría de esta manera:

Señor, me duele ver cómo sus propios hijos han deshonrado a mi esposo. Te pido que ayudes a sanar su corazón del dolor y que pueda perdonarlos por completo. Vuelve los corazones de estos hijos adultos hacia su padre. Te pido que los guíes a disculparse con él, y a él con ellos, por cualquier cosa que hubieran hecho que los ofendiera entre sí. Te ruego que haya una reconciliación completa entre ellos. Muéstrame lo que puedo hacer o decir a cualquiera de nuestros hijos adultos, o a su padre, para ayudar en esta situación. Convence sus corazones de esto antes de que den fruto todas las consecuencias por deshonrar a su padre. Te pido una restauración total de estas relaciones.

Si queremos que nuestros hijos adultos tengan una vida larga y fructífera, tenemos que orar para que honren a sus padres y estimularlos a que lo hagan. No queremos que sus vidas se acorten ni reduzcan de ninguna manera. Tenemos que orar también por nosotros, de modo que sea fácil amarnos y honrarnos, y no difícil. El amor es el mayor camino por el que se inspira la honra. Dile al Señor: «Enséñame a demostrarles amor a mis hijos adultos de una manera que inspire honra».

A veces hay situaciones tan malas que honrar a un padre es algo difícil. Sin embargo, hay que hacerlo de todas maneras. Conozco a una cristiana que ahora es madre soltera porque su esposo tenía problemas terribles con la pornografía y ella no podía dejar que sus hijos estuvieran expuestos a esa influencia. Aun cuando varios hombres se han liberado de eso y han podido encontrar ·sanidad, él no era parte de ese grupo. Ella siguió enseñándoles a sus hijos a que lo honraran como su padre, aunque desconocían la verdad del porqué se divorciaron sus padres. Cuando su hijo era casi un adolescente, le confesó a su madre que su padre le había estado mostrando pornografía y que había abusado de él sexualmente. Ella se sintió destrozada e hizo que se le quitaran todos los derechos paternales a su ex esposo. Era una mujer piadosa y trataba de hacer lo bueno al enseñarles a sus hijos a que honraran a su padre, y el padre se deshonró a sí mismo por completo. A veces hay que honrar a un padre desde lejos.

El hecho de que tengas que pedirles a tus hijos que te honren como padre no significa que les digas: «Dame honra, o si de lo contrario...». Significa que tienes que marcar los límites, cuando sea necesario, y mostrarles a tus hijos adultos dónde termina el respeto y comienza la falta de respeto. Tenemos que pedirle a Dios que nos ayude a ser tan merecedores del respeto que nunca tengamos que exigirlo.

A medida que criábamos a nuestros hijos, mi esposo y yo nos dimos cuenta que al plantar una pequeña semilla puede crecer algo grande, ya sea para bien o para mal, para edificar o para destruir, para enviar a un hijo hacia a una dirección o hacia otra. Podemos plantar semillas en nuestros hijos. Cuando les decimos cosas a nuestros hijos que edifican, los ayudamos a ver sus buenas cualidades y su gran potencial y propósito, y les damos un sentido de su propio valor, entonces no tenemos que preocuparnos de que nos honren. Solo lo harán por amor y gratitud. Pidámosle a Dios que nos ayude a plantar buenas semillas.

Ora para que tus hijos adultos sobrevivan a los tiempos difíciles

Los padres nos preocupamos mucho cuando vemos que nuestros hijos adultos pasan tiempos difíciles. Sufrimos a su lado, no queremos que sufran. No obstante, Dios usa los tiempos difíciles por los que todos pasamos para bien, siempre y cuando los atravesemos con Él. Eso significa que no siempre estaremos protegidos *de* los malos tiempos, sino *en* esos tiempos. Tenemos que orar todos los días para que nuestros hijos adultos reconozcan que «Torre fuerte es el nombre de Jehová; a él correrá el justo, y será levantado» (Proverbios 18:10). Ora para que siempre corran al nombre de Jesús, donde encontrarán protección, fortaleza y seguridad.

Muchas veces, Dios permitirá que pasemos por tiempos difíciles para llamar nuestra atención o para ajustar nuestro camino. Dios permite el sufrimiento en nuestras vidas como una manera de disciplinarnos y prepararnos para lo que está delante. «Porque el Señor al que ama, disciplina, y azota a todo el que recibe por hijo» (Hebreos 12:6). El propósito final del sufrimiento que Dios permite en nuestras vidas es restaurarnos a una relación apropiada con Él.

Ninguno de nosotros puede soportar ver a nuestros hijos sufrir, sin embargo, cuando sucede, queremos correr y arreglarlo todo. A pesar de eso, no podemos ser Dios. Tenemos que pedirle al Señor que nos muestre lo que sucede en realidad. Si has estado orando para que Dios llame la atención de tu hijo adulto y que haga lo necesario para ponerlo en el buen camino y, luego, ocurre alguna clase de infortunio, podría ser una respuesta a nuestras oraciones. Claro, no queremos que nuestros hijos adultos sufran sin necesidad, que se lastimen, que se arruinen, ni se destruyan. Tenemos que ayudarlos cuando hace falta ayuda, pero tenemos que pedirle a Dios sabiduría y discernimiento en cuanto a eso. A veces un hijo adulto tiene que aprender una lección difícil. Pídele a Dios que te dé dirección y entendimiento. Además, no importa lo que esté ocurriendo, pídele a Dios que ayude a tu hijo adulto a deducir lo que necesita aprender de la experiencia.

Cuando estamos en medio de una situación difícil, ansiamos el día en que acabe y que podamos seguir con nuestras vidas. Sin embargo, Dios quiere que sepamos que entonces nuestras vidas *siguen* adelante. Quiere que sepamos que Él está con nosotros durante todos esos tiempos difíciles, cuando le pedimos que esté a nuestro lado, y eso significa que pasan cosas buenas, ya sea que podamos verlas en ese momento o no. Dios quiere que confiemos en Él para guiarnos en medio de eso y a salir de eso.

Tenemos que orar para que nuestro hijo adulto entienda todo esto. Es probable que tengamos que orar para que nosotros mismos también lo entendamos mejor, pues a veces es difícil recordar estas cosas cuando estamos en medio de una prueba.

Si algo malo le ocurre a alguno de tus hijos adultos, sabe que no hay situación tan severa en la que el poder de Dios no pueda moverse para hacerlo volver del problema hacia una vida de restauración y bendición. Cuando oras por tus hijos adultos en medio de una situación difícil, ellos pueden salir al otro lado en mejor forma que antes y con una relación mucho más profunda con Dios.

A veces, no hay salida fácil de un problema, y tú y tu hijo adulto tienen que lidiar con esto de frente. Porque, seamos realistas, *pasamos* por estas cosas con nuestros hijos adultos aunque tratemos de disimular que es *su* problema. Solo recuerda que cuando se involucra a Dios en la situación, en oración, todas las cosas obran para bien. Si el sufrimiento que tu hijo adulto está experimentando es obra del enemigo, ora para que Dios redima la situación y restaure lo dañado. La restauración total se trata de vivir la vida que Dios tiene para nosotros por medio de Jesucristo. Su voluntad es restaurar todo nuestro ser y nuestra vida. Él también quiere ese grado de restauración para nuestros hijos adultos.

Ora para que tus hijos adultos entiendan la bondad de Dios

Una de las muchas cosas que aprendí de mi pastor de mucho tiempo, Jack Hayford, fue contarles a nuestros hijos historias de nosotros, de nuestra familia o de ellos, que pueden enriquecer su entendimiento de la bondad del Señor y sus caminos. «Abriré mi boca en proverbios; hablaré cosas escondidas desde tiempos antiguos, las cuales hemos oído y entendido; que nuestros padres nos las contaron. No las encubriremos a sus hijos, contando a la generación venidera las alabanzas de Jehová, y su potencia, y las maravillas que hizo» (Salmo 78:2-4).

Una de las historias que me gusta contarles a mis hijos, y ahora a mis hijos adultos, es que papá tenía una madre que oraba. Era una cristiana devota que oraba por sus ocho hijos, y personalmente hemos visto el fruto de esas oraciones por mi papá.

Mi padre escapó de la muerte tantas veces en su vida que las historias son casi increíbles. Con frecuencia he escuchado estas historias contadas por él, por otros parientes y por antiguos amigos de la familia, y él se las contaba una y otra vez a mis hijos. Una vez lo entrevisté, por casi dos horas, con relación a estos sucesos y grabé nuestra conversación en una cinta para tener siempre un registro de eso. He aquí diez maneras en las que mi padre escapó de la muerte durante su vida:

1. Le cayó un rayo cuando tenía catorce años.
2. Tuvo un caso tan serio de pleuresía cuando era joven que un médico tuvo que introducir un cuchillo en su costado y hasta su pulmón para drenarlo, todo sin anestesia.
3. Por accidente, un hombre le disparó en la cabeza con un rifle.
4. Cayó en un barranco profundo, en medio de una tormenta, cuando iba a caballo, con todo y caballo. Se habría muerto congelado si alguien no hubiera ido a buscarlo y no lo hubiera encontrado ni sacado. (Lo triste es que el caballo no lo logró).
5. Cayó en un precipicio con su camión cuando viajaba por un sinuoso camino montañoso que se había congelado. Cayó de cabeza unos quince metros y terminó en un bloque de nieve que interrumpió su caída. Pudo manejar por el bloque de nieve y por una pradera hasta que encontró un camino.
6. Tuvo un grave ataque al corazón.
7. Chocó con un tren que destrozó su automovil.

8. Le cayó un rayo por segunda vez, aunque no en el mismo lugar.
9. Un toro enojado lo atacó.
10. Casi se ahoga en un río cuando el caballo que montaba le cayó encima y su pierna quedó atrapada debajo.

No puedo demostrar que por tener una madre que oraba es que mi padre sobreviviera a todas esas experiencias cercanas a la muerte, pero tampoco nadie puede demostrar que esa *no* fuera la razón. Vi el hoyo en su costado por la pleuresía. Y vi la cicatriz donde la bala golpeó su cabeza. Lo vi en el hospital poco después de su ataque al corazón. También vi el automóvil que manejaba después que lo chocara el tren. Yo tenía diez años entonces, e incluso a esa corta edad, y sin conocer al Señor, pensé que fue un milagro. El automóvil quedó tan destruido que no podía crecer cómo él no se mató. El tren golpeó el auto en el lado del pasajero y todo el lado derecho de su automóvil se abolló hasta el lugar del conductor. Recuerdo ver ese automóvil y preguntarme cómo mi papá, que era un hombre grande, pudo haber encajado en el pequeño espacio que quedó. Y no tenía ni un rasguño. Es más, en todos estos incidentes, no tuvo ningún daño físico duradero, excepto un par de cicatrices, y ni un solo hueso roto.

Cualquiera de estos peligros pudo haberlo matado, pero murió mientras dormía en su cama cuando tenía noventa y tres años, todavía con una mente sana y sin ninguna enfermedad ni dolencia conocida. Fue la forma en que siempre quiso morir.

¿Cómo ocurre todo esto? Mi papá no era un hombre que se arriesgaba. Solo vivió una vida trabajando duro, de la mejor manera posible, a menudo en circunstancias difíciles. Ah, y se me olvidaba decir que le sobrevivió a mi madre que estaba mentalmente enferma, que habría matado a un hombre más débil mucho antes. ¿Cómo pudo sobrevivir a todas estas experiencias tan cercanas a la muerte? Creo que fue porque tenía una madre que oraba. Ella murió anciana, y también sus ocho hijos siguieron viviendo bien hasta la vejez.

Mi padre es mi mejor ejemplo de cómo las oraciones de un padre que ora pueden proteger a un niño, y más tarde a un hijo adulto, por toda su vida y que logre pasar por tiempos difíciles. Tus oraciones por tu hijo adulto pueden hacer lo mismo.

—⟋⟋⟋—

⟶ EL PODER DE LA ORACIÓN ⟵

SEÑOR, TE PIDO QUE TU mano de protección esté sobre mis hijos adultos. Te pido que pongan su confianza en ti como su Escudo y Protector (Proverbios 30:5). Protégelos de manera física de todos los accidentes, enfermedades, dolencias, hechos de violencia de otros, peligros repentinos y de los planes del mal. Sé su protector cuando estén en un automóvil, avión, ómnibus, barco o cualquier otro medio de transporte. A cualquier parte que caminen, te pido que sus pies no resbalen; guíalos lejos del peligro (Salmo 17:5). Mantenlos a salvo todo el tiempo.

Te pido que los rodees con tus ángeles para que los cuiden y no tropiecen (Salmo 91:12). Ayúdalos a escuchar tu voz que los guía y enséñales a obedecerte para que siempre estén en tu voluntad y en el lugar adecuado, a la hora apropiada. Te pido que «el temor de Jehová» sea para ellos «un manantial de vida» que les servirá para «apartarse de los lazos de la muerte» (Proverbios 14:27).

Te ruego que mantengas tus ojos en ellos y que ellos no aparten sus ojos de ti. Ayúdalos a aprender a habitar en tu abrigo y bajo tu sombra de protección (Salmo 91:1). Te pido que seas su «amparo y fortaleza» y su «pronto auxilio en las tribulaciones» (Salmo 46:1). Te suplico que ninguna arma forjada en su contra prospere (Isaías 54:17). Ten misericordia de ellos y dales seguridad «en la sombra de tus alas hasta que pasen los quebrantos» (Salmo 57:1). Dales la sabiduría, el discernimiento y la revelación que necesitan para permanecer a salvo y no caer en peligro.

Señor, tú dices en tu Palabra que aunque la gente mala trate de destruir al justo, tú no lo permitirás (Salmo 37:32-33). Protege a mis hijos adultos de cualquier plan del mal. Protégelos de todo problema legal, porque la justicia viene de ti (Proverbios 29:26). Sé con ellos cuando pasen por aguas profundas y no permitas que el río los anegue. Permite que el fuego no los queme ni los consuma (Isaías 43:2).

Señor, te ruego que cuando pasen por tiempos difíciles, seas su defensor. Te suplico que aprendan a buscarte para que seas su ayuda (Salmo 121:1-2). La fortaleza del enemigo no es nada a la luz de tu gran poder. Ármalos con fortaleza para la batalla y mantenlos a salvo (Salmo 18:39). Ayúdalos a «desechar, pues, las obras de las tinieblas, y a vestirse las armas de la luz» (Romanos 13:12). Te ruego que aprendan a clamar a ti en sus problemas para que los liberes de sus aflicciones (Salmo 107:6).

Te suplico que las cosas difíciles por las que pasen sean usadas para tu gloria y para la profundización de su relación contigo. Ayúdalos a no darse por vencidos, sino a creer que verán tu bondad en sus vidas y en cada situación (Salmo 27:13). Sin importar lo que pase, te ruego que al final puedan decir: «De parte de Jehová es esto, y es cosa maravillosa a nuestros ojos» (Salmo 118:23). Ayúdalos a entender que pueden decir: «En paz me acostaré y asimismo dormiré; porque solo tú, Jehová, me haces vivir confiado» (Salmo 4:8).

Te lo pido en el nombre de Jesús.

—⁓—

⤚ EL PODER DE LA PALABRA ⤙

Cuando pases por las aguas, yo estaré contigo;
y si por los ríos, no te anegarán. Cuando pases por el fuego,
no te quemarás, ni la llama arderá en ti.
ISAÍAS 43:2

Jehová guardará tu salida y tu entrada desde
ahora y para siempre.
SALMO 121:8

Aunque ande en valle de sombra de muerte, no temeré
mal alguno, porque tú estarás conmigo; tu vara
y tu cayado me infundirán aliento.
SALMO 23:4

Este pobre clamó, y le oyó Jehová, y lo libró
de todas sus angustias.
SALMO 34:6

Jehová, roca mía y castillo mío, y mi libertador; Dios mío,
fortaleza mía, en él confiaré; mi escudo, y la fuerza de mi
salvación, mi alto refugio. Invocaré a Jehová, quien es digno
de ser alabado, y seré salvo de mis enemigos.
SALMO 18:2-3

14

Ora para que tus hijos adultos

CAMINEN HACIA EL FUTURO QUE DIOS LES TIENE PREPARADO

—◊◊◊—

No hay ningún momento mágico en que ya no formas parte de tus hijos adultos y puedes ver que la historia de sus vidas se desarrolla como una película que levanta el ánimo. Solo *crees* que puedes dejar de preocuparte por su futuro cuando terminan la escuela, o tienen un trabajo seguro, o pueden comprar una casa, o han tenido grandes decepciones, o conocen a una buena persona para casarse, o *ya están* casados, o tienen éxito, o tienen hijos propios, o se ponen bien, o están bien con el Señor, o se deshacen de malos amigos, o se liberan de un hábito destructivo, o arreglan su vida, o dejan de seguir los sueños equivocados, o se dan cuenta de lo que Dios quiere que sean.

Hace poco, alguien me preguntó si tener hijos adultos era una sentencia de cadena perpetua. Dije que solo me sentía como si estuviera pasando un tiempo difícil cuando no oraba. Cuando oro, lo veo más como una tarea de por vida, de parte de Dios, a fin de mantener a mis hijos adultos cubiertos para que su voluntad pueda hacerse en sus vidas. Sin embargo, hay algunas cosas que siempre deberíamos recordar que nos animarán a seguir orando y nos ayudarán a encontrar paz mientras esperamos la respuesta de Dios.

Recuerda la promesa de Dios para el futuro de tus hijos adultos

Lo que dice la Palabra de Dios acerca del futuro de tus hijos es lo que también dice de tu futuro. *«Porque yo sé muy bien los planes que tengo para ustedes —afirma el Señor—, planes de bienestar y no de calamidad, a fin de darles un futuro y una esperanza. Entonces ustedes me invocarán, y vendrán a suplicarme, y yo los escucharé. Me buscarán y me encontrarán, cuando me busquen de todo corazón»* (Jeremías 29:11-13, NVI, énfasis añadido).

Observa la conexión que hay entre la promesa de un futuro pacífico, lleno de esperanza y la oración. Repito, la oración es la que toma posesión de la promesa. Dios dice que si lo buscas y lo invocas con todo tu corazón, lo encontrarás, así como el gran futuro que Él tiene para ti.

Como padres de hijos adultos, no podemos darnos el lujo de hacer hincapié en lo negativo. Tenemos que controlar nuestros pensamientos y temores y no dejar que la preocupación obtenga lo mejor de nosotros. Si no lo hacemos, nuestros pensamientos preocupados por el futuro de nuestros hijos adultos pueden robarnos el gozo y enfermar nuestros cuerpos, mentes y almas. Se convertirá en una esclavitud de lo que, entonces, *necesitaremos* que se nos libere. No tenemos que vivir así cuando podemos orar.

Una de las formas más puras de oración es la alabanza. Podemos callar todo temor por el futuro con adoración. Cuando adoramos a Dios, lo tocamos a Él y a su reino y, como respuesta, el Espíritu de Dios *nos* toca. La alabanza y la oración son la manera más segura de invitar a la presencia de Dios a nuestras vidas y nuestros corazones. En su presencia podemos encontrar libertad de todo temor por el futuro.

Recuerda que siempre tienes esperanza en el Señor

La esperanza nos hace seguir adelante. Es lo que nos hace levantarnos en la mañana. Es lo que nos hace orar. La esperanza no es pedirle un deseo a una estrella; es creer en las promesas de

Dios. «Y la esperanza no avergüenza; porque el amor de Dios ha sido derramado en nuestros corazones por el Espíritu Santo que nos fue dado» (Romanos 5:5). El amor de Dios en nosotros infunde esperanza, lo cual inspira oración y fe para creer.

El enemigo trata de robar nuestra esperanza por el futuro con sus mentiras, pero podemos silenciarlo con la Palabra de Dios y encontrar gozo en el proceso. «Me hiciste conocer los caminos de la vida; me llenarás de gozo con tu presencia» (Hechos 2:28). Nada edifica tu fe y te hace sentir mejor en cuanto al futuro que leer lo que Dios dice al respecto. La Biblia dice: «La esperanza que se demora es tormento del corazón; pero árbol de vida es el deseo cumplido» (Proverbios 13:12). Si tu hijo adulto ha llegado a estar desconsolado porque su deseo para el futuro ha tardado mucho tiempo en llegar y la respuesta a la oración ha tardado, pídele a Dios que llene su corazón con esperanza en su nombre, gozo en su presencia y consuelo en su Palabra.

Jeremías dijo que cuando confías en Dios y pones tu esperanza en Él, eres como un árbol plantado junto al agua y que tus raíces se extienden en el río, por lo que no tienes que temer cuando el calor está en tu vida. No tienes que estar ansioso en una sequía (Jeremías 17:7-8). Si alguna vez has estado en una sequía, sabes lo aterrador que puede ser. Cuando estás lejos del agua, te das cuenta de lo valiosa y vital que es porque no tienes vida sin ella. Cuando tú o tus hijos adultos están en un lugar seco, Dios derramará agua de vida en ti y en ellos, y la esperanza surgirá en sus corazones.

Recuerda que Dios es misericordioso y compasivo

En cierto momento, Jeremías había perdido todas las esperanzas. Las cosas estaban tan terribles que ni siquiera recordaba cómo era sentirse esperanzado. Sin embargo, entonces recordó la *misericordia de Dios*. «Esto recapacitaré en mi corazón, por lo tanto esperaré. Por la misericordia de Jehová no hemos sido consumidos, porque nunca decayeron sus misericordias. Nuevas son cada mañana; grande es tu fidelidad. Mi porción es

Jehová, dijo mi alma; por tanto, en él esperaré» (Lamentaciones 3:21-24).

No importa lo que haya pasado en el pasado, incluso si es tan reciente como anoche, la misericordia de Dios es nueva hoy. Podemos arrepentirnos del pecado hoy. Dios puede hacer lo imposible hoy. Las cosas pueden cambiar hoy. La esperanza puede llenar tu corazón hoy.

Jeremías habló de la necesidad de *esperar en el Señor*. Eso significa ser paciente para esperar que Dios responda tus oraciones. «Bueno es Jehová a los que en él esperan, al alma que le busca. Bueno es esperar en silencio la salvación de Jehová» (Lamentaciones 3:25-26). Esperar en el Señor es una anticipación expectante de lo que va a hacer Dios. Es confiar que vale la pena esperar lo que va a hacer Él.

Jeremías también recordó que *Dios siempre mostrará compasión*. No sufrimos para siempre. «Porque el Señor no desecha para siempre; antes si aflige, también se compadece según la multitud de sus misericordias; porque no aflige ni entristece voluntariamente a los hijos de los hombres» (Lamentaciones 3:31-33). No es su voluntad que suframos, pero permite el sufrimiento para enseñarnos sus caminos. Recordar que Dios es misericordioso y compasivo te ayuda a seguir orando con la certeza de que pronto mostrará su misericordia y compasión hacia ti y tus hijos adultos.

Recuerda enviarle una carta a tu hijo acerca de su futuro

Si a ti o a mí nos llevaran al cielo hoy, es probable que habría algunas cosas que quisiéramos haberles dicho a nuestros hijos adultos. Escribí una carta que puedes rehacer con tus propias palabras o escribir esta con tu propia letra, y ya sea dársela a tus hijos adultos ahora o dejarla en algún lugar donde la lean después. Pídele a Dios que te muestre el momento adecuado para que la reciban. Espero que esta carta te inspire a decir mucho más de lo que escribí aquí.

Querido_____:

Te escribo esta carta porque quiero decirte que te amo y que estoy orgulloso de ti. Veo toda la grandeza, los dones y los talentos que Dios ha puesto en ti, y sé que Él los usará para hacer grandes cosas por medio de ti. Es posible que no haya sido el padre perfecto, y quizá tú no hayas sido el hijo perfecto, pero Dios sabía que éramos perfectos el uno para el otro. Además, todos sabemos ahora que nadie es perfecto, excepto Dios. Le doy gracias todos los días por ti y por la maravillosa bendición que eres y que has sido siempre para mi vida.

He estado orando por ti, y seguiré orando por ti mientras viva, para que tengas un futuro largo y maravilloso. Dios dice que si crees y confías en Él, ni siquiera puedes imaginar lo grande que es el futuro que tiene para ti. Sin embargo, eso no ocurre sin oración. Tenemos que orar, orar y seguir orando.

Oro para que tu relación con Dios sea cercana y fuerte, y para que crezcas en amor a su Palabra y sus caminos. Oro para que derrame su Espíritu en ti todos los días, porque Él te ha dado su Espíritu Santo para que te guíe, te enseñe, te consuele, te sane, te libere, aumente tu fe y hable a tu corazón. Oro para que siempre percibas su presencia y nunca lo alejes de tu vida.

Recuerda que la vida que se vive con Dios no es sin desafíos, pues siempre tendrás un enemigo que trata de derribarte. Dios permita que tengas la fortaleza para enfrentar esos retos y la sabiduría para permanecer fuerte en contra de la oposición. Siempre ten en mente que así como Dios tiene un plan para tu futuro, el enemigo lo tiene también. Y el enemigo siempre desafiará el plan de Dios para tu vida. Oro para que el plan de Dios tenga éxito y fracase el del enemigo.

Si caminas cerca del Señor, vives en obediencia a sus caminos, sigues leyendo su Palabra, te niegas a dudar de Él, lo exaltas con alabanza y adoración, permites que su amor te motive en todas tus relaciones, lo buscas en cada decisión que tomas, le entregas cada día y oras a Dios en el nombre de Jesús por todo, no podrás equivocarte. Pídele a Dios que te ayude a hacer todo eso.

No importa lo que suceda, no renuncies al Señor, porque Él nunca renunciará a ti. Dios nunca cambia. Él es el mismo ayer, hoy y siempre (Hebreos 13:8). Te promete muchas cosas, como esperanza y un gran futuro. Así que no importa lo que te pase ni lo que pase en tu vida, esas promesas siempre están en pie.

Cada día pon tu futuro en las manos de Dios, porque lo más importante de tu futuro es lo que *Él* dice y hace en cuanto a eso. *Él* es tu futuro. Encontrarás tu futuro al caminar con Él ahora. Cuando lo hagas, Dios te preparará cada día para el futuro que tiene para ti. No te desanimes si las cosas no parecen estar ocurriendo tan rápido como te gustaría. Rara vez es así. Eso es porque mientras Dios está haciendo que las cosas ocurran en tu vida, también está haciendo una obra que es

aun más importante dentro de ti. Hay lecciones.
Él quiere que aprendas. Pídele que te ayude a
aprenderlas bien.

Es posible que yo esté por aquí por mucho tiempo
o podría irme mañana. No importa lo que pase, he
orado por cada aspecto de tu vida. Cuando muera,
estaré en el cielo con el Señor, pero mi amor y mis
oraciones por ti siempre estarán contigo. Quiero
asegurarme que algún día te veré en el cielo
también. Quiero que puedas decir: «He peleado la
buena batalla, he acabado la carrera, he guardado
la fe. Por lo demás, me está guardada la corona
de justicia, la cual me dará el Señor, juez justo, en
aquel día; y no solo a mí, sino también a todos los
que aman su venida» (2 Timoteo 4:7-8). Dios dice
que cuando recibes a Jesús en tu corazón, tu futuro
eterno en el cielo está asegurado. Asegúrate de que
tu futuro sea definitivo y nunca le des las espaldas
al Señor.

Por último, te digo estas palabras de esperanza del
Señor: «Levántate, resplandece; porque ha venido
tu luz, y la gloria de Jehová ha nacido sobre ti.
Porque he aquí que tinieblas cubrirán la tierra, y
oscuridad las naciones; mas sobre ti amanecerá
Jehová, y sobre ti será vista su gloria» (Isaías 60:1-
2). Recuerda que hasta en los tiempos oscuros de
tu vida, nunca se puede apagar la luz de Jesús *en*
ti y *sobre* ti.

Te ama siempre,

_____

⟶ EL PODER DE LA ORACIÓN ⟵

SEÑOR, TE PIDO QUE (<u>nombre de tu hijo adulto</u>) tenga un futuro que sea bueno, largo, próspero y seguro porque está en tus manos. Gracias porque tus pensamientos acerca de él son pensamientos de paz y para darle un futuro y una esperanza (Jeremías 29:11). Guíalo paso a paso para que nunca se aparte del camino que tienes para su vida. Vuelve su corazón hacia ti para que siempre tenga tu voluntad y tus caminos en mente. Impide que pierda el tiempo en un camino que tú no bendecirás.

Ayúdalo a correr la carrera de la manera adecuada, a fin de que termine fuerte y reciba el premio que le tienes reservado (1 Corintios 9:24). Te ruego que esté plantado con firmeza en tu casa de modo que florezca en tus atrios y que siempre sea vigoroso y verde, y que fructifique en la vejez (Salmo 92:13-15). Ayúdalo a recordar que tú puedes «hacer todas las cosas mucho más abundantemente de lo que pedimos o entendemos, según el poder que actúa en nosotros» (Efesios 3:20).

Te ruego que nada lo separe de tu amor, que se encuentra en Cristo Jesús (Romanos 8:38-39). Gracias, Espíritu Santo, porque siempre estarás con él para guiarlo, enseñarle y darle consuelo en tiempos difíciles. Te suplico que su futuro cada día sea más brillante. Te ruego que su futuro final esté en el cielo contigo y que yo esté allí para verlo otra vez.

Te ruego que tú, el Dios de la esperanza, lo llenes de tu gozo y paz a fin de que «abunde en esperanza por el poder del Espíritu Santo» (Romanos 15:13).

Te lo pido en el nombre de Jesús.

—⟶⟵—

~ El poder de la Palabra ~

Bendito el varón que confía en Jehová, y cuya confianza es
Jehová. Porque será como el árbol plantado junto a las aguas,
que junto a la corriente echará sus raíces, y no verá cuando
viene el calor, sino que su hoja estará verde; y en el año de
sequía no se fatigará, ni dejará de dar fruto.
Jeremías 17:7-8

Considera al íntegro, y mira al justo; porque hay un final
dichoso para el hombre de paz.
Salmo 37:37

Mas la senda de los justos es como la luz de la aurora, que
va en aumento hasta que el día es perfecto.
Proverbios 4:18

Cuentas con una esperanza futura, la cual no será destruida.
Proverbios 23:18, nvi

Antes bien, como está escrito: Cosas que ojo no vio, ni oído
oyó, ni han subido en corazón de hombre, son las que Dios
ha preparado para los que le aman.
1 Corintios 2:9

Una guía de salud emocional para mujeres

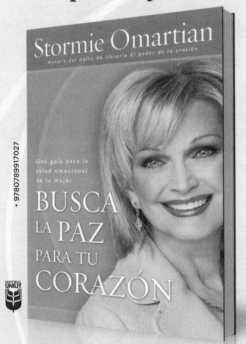

En *Busca la paz para tu corazón*, Stormie Omartian ofrece perspectivas personales sobre la salud emocional a medida, que te guía a transformar tu ser interior. Únete a ella en una travesía personal mientras camina contigo a través de asuntos tales como el reconocimiento de que Dios está de tu parte y la demostración de cómo vivir en obediencia de modo que logres obtener la entereza que deseas.

ERES LA NIÑA DE SUS OJOS

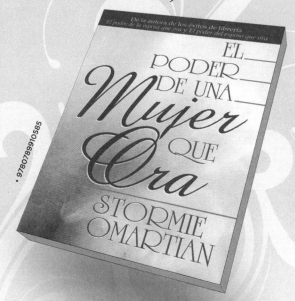

El poder de una mujer que ora

Quizá parezca fácil orar por tu esposo, tus hijos, tus amigos y tu familia extendida, pero Dios también quiere escuchar las peticiones por tu vida. Le encanta cuando vienes a Él por las cosas que necesitas y le pides que te ayude a convertirte en la mujer que simpre has deseado ser. Confía en Él en cada momento con las preocupaciones de tu corazón y descubre el asombroso poder que la oración liberará en tú vida.

Disponibles en su librería cristiana favorita.

¡Descubre el asombroso poder de la oración!